おひとりさまの老後対策

大村大次郎
Omura Ojiro

小学館新書

まえがき

戦後、日本人の寿命は急激に伸びました。

戦前の日本人の平均寿命は50歳くらいでしたが、1950年代には60歳を超え、現在は80歳を超えています。

戦後70年の間に日本人の寿命は実に30年以上、1・6倍にも伸びたのです。

また日本人のライフスタイルも大きく変わりました。

戦前は、二世代、三世代の大家族が当たり前でした。家に、祖父母がいたり、叔父叔母などがいたりすることはまったく珍しいことではありませんでした。

また日本人にとって、「老いの準備」「死の準備」ということはあまり必要ありませんでした。

大半の人が60歳くらいには死んでいましたので、「老後の生活」を経験できる人はあまりいなかったのです。企業や官庁の定年が55歳でしたので、多くの人は死ぬ直前まで働き、仕事をやめてしばらくすれば死んでいきました。

そして、老後の生活を送れるほど長生きした人も、家族が面倒をみてくれていましたので、特別に準備などは必要ありませんでした。

しかし、現代は全然違います。

大半の人が会社を定年退職した後に、20～30年くらいの「老後の生活」を送らなければなりません。しかも、面倒を見てくれる家族がいるとも限りません。むしろ、誰も頼る人がいない状況に陥っている人の方が激増しています。２０１５年の国勢調査では、おおよそ男性の４人に１人、女性の７人に１人が生涯独身というデータもあります。２０２０年に行われる同調査ではさらに増えることが確実視されています。

それに加えて、熟年離婚や死別などで「おひとりさま」で老後を過ごさなくてはならない人は、かつてないペースで増え続けています。

ひとり暮らしの人は、入念な準備が必要となります。

そして、老後の準備、死の準備でもっとも重要なものは、やはりお金ということになります。ちょっと言い方は悪いですが、お金があれば「老後の生活」も「死」もどうにかすることができます。だから、「老後の準備」「死の準備」というのは、「お金の準備」とほぼ同異義語になるといえます。特にひとり暮らしの人の場合、実際のところは「お金だけが頼り」ということになります。

しかし、普通の人は、老後の生活をまったく不自由なく暮らせるほどのお金をすぐに用意することはできません。年金だけでは老後の生活資金は2000万円不足するという試算が金融庁から発表されたときに大騒ぎとなったことは記憶に新しいですが、実際には3000万〜5000万円が必要という試算もあります。老後を迎えたときにそれだけの大金をきっちり準備できている人は、そう多くはないはずです。

そこで、ごくごく普通の生活をしてきたひとり暮らしの人たちに、老後を無理なく快適に暮らせる程度のお金を確保する方法をご紹介しよう、というのが本書の趣旨です。

いろいろな条件、境遇の人に合わせた対象方法をご紹介していますので、本書を手に取っていただければ、必ず、あなたにも有益な情報が載っているものと筆者は自負しています。

おひとりさまの老後対策

目次

第1章

高齢単身者の超厳しい現実

生活保護受給者の過半数は高齢者で、うち9割以上が単身者

老後問題を考えるうえで、さまざまな情報が溢（あふ）れている中で、あらゆる調査において高齢者が悩みを抱える問題は「カネ、健康、孤独」の「3K」に集約されています。なかでも、ダントツなのが老後資金、つまりお金の問題です。

2019年、金融審議会「市場ワーキング・グループ」の報告書が発表した「年金以外に必要な老後資金は2000万円」という結果に世間が大騒ぎになったことは記憶に新しいはずです。実際のところ、「市場ワーキング・グループ」が伝えたかったことは、投資促進だったわけですが、それが曲解されて「2000万円」という数字がひとり歩きしたのです。

しかし、実際には「2000万円問題」が〝脚光〟を浴びる前から、あまたのマネー本やファイナンシャルプランナーらは「老後に必要な金額は年金以外に3000万〜5000万円」とうたっているものが多く、金融リテラシーがある人ならば、意外に少なく感じていたはずです。やはり、公の機関が具体的な金額を出したことで、目を背けていた現実

を直視せざるを得なくなり、騒動になったのではないでしょうか。

金融広報中央委員会の「家計の金融行動に関する世論調査2018」によれば、2人以上世帯の50代世帯の金融資産保有額の平均値は1430万円(金融資産を保有していない世帯を含む)、中央値(データを大きい・小さい順に並べたときに真ん中にくる数字)となると609万円と半減以下になり、貯蓄なし世帯も17・4%になります。

それでは単身者はどうかといいますと、同じく744万円、50万円で、貯蓄なしは2人以上世帯の倍以上の39・5%となるから深刻です。

実際、厚生労働省の調査によると生活保護世帯そのものは微増で、2019年12月時点で、65歳以上の高齢者受給世帯の数は89万6335世帯で全体の過半数以上を占め、なかでも高齢単身世帯は82万9770世帯と約91・6%を超えています。1998年と比較すると2倍以上となっています。

昨今、「高齢単身者」は激増しています。内閣府の発表した高齢社会白書によると、2015年時点で65歳以上の人のひとり暮らしは、約593万人となっています。1980年には高齢者のひとり暮らしは、約88万人にすぎませんでしたので、35年で約6・7倍に激増していることになります。

2015年の国勢調査によると、50歳までに一度も結婚をしていない「生涯未婚率」（政府の方針により、今後は呼び方を「50歳時未婚率」に変更）は、男性で23・37％、女性で14・06％です。おおよそですが、男性の約4人に1人、女性の7人に1人は生涯一度も結婚することなく、人生を終える計算になります。この未婚率は年々、上昇し続けており、当然、高齢単身者が増えることは確実な状況です。

また、高齢単身者というのは、別に未婚者だけに限りません。既婚者であっても、死別や離別によって、高齢単身者になる可能性もあります。

核家族化が進んだ昨今では、子どもがいても同居することは多くなく、特に大都市圏では既婚者であっても老後は夫婦ふたり暮らしというケースがほとんどで、その場合、同時に死なない限りは夫婦のどちらかはいずれ単身者になるのです。言い方を変えれば、誰しもが高齢単身者になるといってもいいかもしれません。

そのため、ほとんどの人は、「ひとりで老後を過ごす」ための準備と心構えをしておかなくてはならないといえそうです。

人生100年時代といわれ、厚生労働省が発表している「簡易生命表」によると、2018年時点における日本人男性の平均寿命は81・25歳、女性のそれは87・32歳となっており、それぞれ前年より0・16歳、0・06歳上回り、毎年のように平均寿命は延び続けています。ちなみに1990年の平均寿命が男性75・92歳、女性81・90歳だったので、この28年間に男性は5歳強、女性も同じく5歳強延びていることを考えると、単純に計算すれば今後30年間で男性は80代後半まで、女性は90代前半まで寿命が延びる可能性が高いといえそうです。老後暮らしを視野に入れている人々は、この現実を踏まえておいたほうがよさそうです。

平均的な厚生年金をもらっている夫婦同士ならば心配ない!?

単身者の場合、夫婦よりひとり分少ないので生活費は安く済むので、その分、楽ではないかと思われる方もいるかもしれませんが、実態はまったくその逆です。

確かに単身者のほうが、夫婦よりも若干、生活費は安くなります。

しかし、生活費が夫婦の半分になるかというとそうではありません。詳しくは後述しますが、ひとりであっても夫婦であっても、あまり変わらない費用もあります。生活費のなかでも、ひとりになると安くなるのは、遊興費などであり、住居費や光熱費などの固定費はひとりでも夫婦でもそれほど変わりません。また食費などは上手に自炊することで、単身者より夫婦のほうが安くなるケースも多々あります。

現在の公的年金の制度というのは、今から半世紀以上前につくられています。

そして、公的年金制度がつくられたときの日本社会では、「ひとり暮らしの老後」ということはほとんど想定されていませんでした。

誰もが「結婚をして数名の子どもをもつ」というのが、ごく当然という社会でしたし、実際に国民のほとんどはそういう人生を歩んでいました。そして、どちらかが他界した場合には子どもが同居して面倒をみるというのが一般的でした。そのため公的年金というのは、「夫婦の老後」を支えるためにつくられているといっても過言ではないのです。

実際に、現在、支給されている公的年金の内訳をみても、そういうことがいえます。

夫がサラリーマンで平均的な収入（約５１０万円）で40年間、厚生年金に入っており、妻が20歳から60歳まで専業主婦である場合をモデルとしていますが、合わせて月額22万２６

6円（2019年度価額、2020年度価額は22万724円）という数字になっています。例の「2000万円不足問題」でもこのモデルをもとにしていますが、実態に沿っているとはいえません。

なぜなら、大学進学率が5割を超え、女性の平均初婚年齢も29・4歳と限りなく30歳に近くなっており、昭和時代の価値観とは異なり、現在では夫婦共働きが当たり前となり、子どもを授かっても働き続ける女性が増えているからです。事実、平成29年度「国民年金・厚生年金事業の概況」によれば、65歳平均受給額は男性で月額17万4535円、女性で10万8776円（共に単身者、家族持ち両方の平均額）となっています。女性のほうが7万円近く少ないのは、出産を機に会社を辞めて専業主婦になったり、子育て期間中は育児に専念して、子育てが終わってから再就職したり、パートやアルバイトなど非正規雇用者になるからだと思われます。

ですから、この数字をもとに考えたほうが、より現状に近づくのではないかともいえます。夫婦がこの平均的な年金額であった場合、合わせると高齢者無職世帯の年金月額平均は28万円強です（もちろん、共に自営業者の場合、ふたり合わせても13万円程度にしかなりませんが）。

これで、夫婦の生活を支えるということになっているのですが、総務省「家計調査」（2018年）によれば、実支出は26万4707円となっています。多額の借金がある、子どもが未成年・学生だ、住宅ローンが残っているなどといったお金がかかる要因がなければ、差引で2万円弱の黒字になる計算になります（税金、社会保険料は考慮していません）。つまり、現役時代より3割ほどダウンサイジングした生活に切り替え、無駄を徹底的に省けば、老後はギリギリとはいえ、それほど恐れることはないのかもしれません。

落とし穴は住居費

ここまで読んできた読者のなかには、ほっと胸をなでおろした方も多いと思いますが、油断は禁物です。というのも、「高齢夫婦無職世帯及び高齢単身無職世帯の家計収支」（平成30年）の項目のなかにある「住居」という項目です。費用はたったの1万3625円にしかすぎません。高齢単身無職者の場合もわずか1万8268円です。

新築マンションの管理費でさえ長期修繕積立金を加え2万〜3万円以上かかるのが当たり前（年月がたつにつれ、長期修繕積立金は通常上がっていきます）です。ということは、この住居費は住宅ローンの終わった一戸建てと想像がつきます。一戸建ての場合、毎月の管理費および修繕積立金は徴収されませんが、マンション同様十数年に一度は、大規模修繕をする必要があります。その額はどこまで修繕するのか、また耐震化が済んでいるかいないか、バリアフリー仕様への改修が終わっているかなど、さまざまな条件によって違うので一概にはいえませんが、それでも数百万は準備しておかなくてはなりません。さらには高齢期になり、数百万円単位で膨らむ介護費なども、この統計には全く触れられていません。要するに老後に必要な金額は2000万円どころでは済まない可能性があるのです。

話を住居費に戻すと、この1万3625円という金額は何を指すのでしょうか。おそらくですが、固定資産税などの税金ではないかと思われます。持ち家の方はご存じでしょうが、固定資産税は年4回に分けて支払います。著者の知人によれば、神奈川県横浜市の駅近ファミリー向けマンションで、1回につき4万円台半ばとのことです。年間トータルで17万〜18万円かかるそうです。月にならせば、1万5000円前後といったところです。一戸建ての固定資産税はマンションより高いので、このケースでいえば都会ではなく、都心からは離れた一戸建てといえそうです。

そもそも年金支給額は持ち家を前提にしているのです。

となると、前述したように住宅ローンの終わった一戸建てならばまだしも、いまだに住宅ローンが残っている家や、特に賃貸マンションなどに暮らしていれば、もくろみは一気に崩れます。都心の会社に勤め、そのまま都会暮らしを希望すれば、2DK程度のマンションを借りるにしても物件の立地条件や築浅か否かで変わりますが最低でも10万円程度の家賃は必要です。

平均程度の厚生年金をもらっている夫婦同士ならば、2万円の黒字といいましたが、仮に家賃が10万円とすれば8万円の赤字となってしまいます。大ざっぱに見積もって25年の老後期間があるとすると2500万円近い不足額が生じてしまうのです。そして、先ほど指摘した介護費なども加わるわけです。

また、先ほど高齢者の厚生年金の平均支給額は男性で月額17万4535円、女性で10万8776円と記しましたが、前出の「高齢夫婦無職世帯及び高齢単身無職世帯の家計収支」においては、60歳以上の高齢単身者の可処分所得が11万9333円に対して、消費支出は14万9603円で差し引き3万8670円の赤字です。単身者のほうが持ち家率は低いでしょうから、これにアパート代が加わると考えると、夫婦世帯より生活状況は厳しくなるはずです。

生活保護受給世帯の半数以上が65歳以上の高齢者世帯で、その9割以上が単身者というのも頷けるデータといえそうです。

高齢単身者は4度の収入ダウンに直面する

まずは現役世代のサラリーマンの多くが3度の「収入ダウン」にあいます。大手企業の多くでは、55歳を中心に「役職定年」というものを採用しています。後進に道を譲るという名目で肩書が外れ、それにともない、役職手当が支給されなくなり、年収ベースで2〜3割減らされます。まだ子どもが大学生だったり、住宅ローンが残っていたりした場合は、老後資金をためることも難しくなります。

そして60歳の定年退職です。会社によりますが、再雇用の場合、嘱託という立場となり、正社員という身分ではなくなります。給料も現役時代の5割どころか、3割程度に落ちる会社も多いです。筆者が驚いたのは、エリートの集まりであるはずのある大銀行です。ここでは55歳で役職定年になり給料2割カット、58歳でさらにカット、そして再雇用になると時給制のアルバイトになるというのです。

そして、65歳になって年金生活でさらに収入は下がります。現在では、65歳まで働くことを前提にさまざまな老後対策が論じられていますが、65歳まで現役並みの給料を得られることは極めてレアケースです（なかには定年制度を65歳まで延ばしている会社もありますが、少数ですし、給料もカットされる場合がほとんどです。少なくとも昇給はありません）。

さらに、高齢単身者になると4度目のダウンが待ち受けているのです。前述したように平均寿命で女性のほうが男性より約7年長生きしますから、まずは夫が先に亡くなるという前提で考えてみます。

その前に内閣府のひとり暮らしの「高齢者意識調査」でわかった、とても興味深いデータを紹介したいと思います。

図①は、男女別の未婚、離別、死別区分による幸福度チェックです。

これを見ると、男性よりも女性のほうが、1ポイント以上も幸福度が高いことがわかります。そして未婚、離別、死別のいずれの区分でも、女性のほうが男性よりも幸福度が高

図①　高齢単身者の幸福度
（とても幸福を10、とても不幸を0とした場合）

	未婚	離別	死別	全体
男性	5.52	5.56	6.17	5.83
女性	6.55	6.64	7.07	6.96

平成26年　内閣府「高齢者意識調査」より

いという結果になっています。

死別の単身者女性にいたっては、なんと7を超えています。老後の幸福度が、10点満点中7を超えているというのは相当なものだといえそうです。

「夫婦でどちらかが先に死んだ場合、夫が生き残ったときは魂が抜けたようになるが、妻が生き残ったときはむしろ生き生きしてくる」

「夫に先立たれても妻は長生きするが、妻に先立たれた夫は早死にする」

というようなことがよくいわれます。実際に米国の大学の研究でも妻に先立たれた夫の寿命は平均余命が30％も短くなり、70

歳以上では糖尿病になる確率が23％も高くなるという報告もあります。これは精神的ショックに加え、食事管理などの家事がおろそかになり、栄養バランスが崩れることなどが深く起因していると思われます。

筆者の父もかなり前に亡くなったのですが、母は健在です。そして、先のアンケート数値を体現するように、母は父が亡くなってから生き生きするようになりました。父が死亡したとき、母はまだ54歳でしたが、それからは第二の青春とばかりに、いろいろなところに出掛けたり、さまざまな人と接したりして人生を楽しんでいます。

いざとなれば、女性のほうが生活力はあるし、精神力も強いということでしょうか。また何より、女性のほうが、「生活のなかで楽しみを見つけ出す」という能力に優れていると思われます。

そういう面において、男性は女性よりも先天的に劣っていると思われ、より工夫が必要になるといえるかもしれません。それでは本題に戻りたいと思います。

ケース①　夫が会社員、妻が専業主婦（パートタイマー）だったケース

まずは、夫がサラリーマンで妻が専業主婦（パートを含む）というケースで試算してみます。夫の厚生年金額が18万5000円（平均年収550万円で40年間勤務）、妻は働いたことがなく第3号被保険者だったので国民年金6万5000円で、合計25万円の年金を受け取っていたとしましょう。この場合、夫が先に亡くなると遺族厚生年金が妻に支払われるわけですが、夫の厚生年金18万5000円の4分の3である13万8750円がもらえると勘違いしている方が多いのです。妻の基礎年金と合わせて20万円強ということになれば確かになんとかなるでしょう。

しかし、これは大きな間違いです。妻がもらえる遺族厚生年金は夫の厚生年金の比例報酬部分の4分の3なのです。つまり18万5000円－6万5000円（夫の基礎年金分）＝12万円に×0・75＝9万円が正確な支給額です。遺族年金は非課税とはいえ、自身の基礎年金と合わせても15万5000円にしかなりません。

約10万円の収入減というわけです。年に換算すると114万円ものダウンになります。

つましく暮らせばなんとかなるとも考えられますが、生きていくうえで生活費とは別に冠婚葬祭費などがかかるので、パートやアルバイトなどでもいいので働き続けるか、子どもらからの仕送りでもない限り、ギリギリの生活を強いられます。前述したように持ち家でなければ、たちまち生活は立ちゆかなくなります。救いといえば、2019年の消費増税とセットで導入された「年金生活者支援給付金」が支払われる可能性が高いことです。基本月額5000円（収入によって額は違います）が支給され、あとで詳述しますが、「住民税非課税世帯」に分類されます。

「住民税非課税世帯」になる基準は、65歳未満の単身世帯は前年の老齢年金の合計額が123万円、65歳以上の単身世帯は173万円（共に社会保険料が20万円の場合）ですが、遺族年金は所得とは見なされないので、これに該当するというわけです。「住民税非課税世帯」となると「国民健康保険料」の減免が受けられます。所得に応じて国民健康保険の保険料が2割から7割まで減免する措置が受けられます。

さらに、医療費の月額がある一定程度を超えた場合に受けられる「高額医療費」の減額制度が発生する制限金額が、通常よりもかなり低い金額で受けられます。自治体によっては、入院中にかかる、食事の自己負担額の減額、がん検診料金の免除、予防接種を受けるさいの料金を無料にするなどの補助を用意しているところもあります。

その逆に妻が先立った場合は税金が上がってしまいます。妻が70歳以上で存命中は老人控除対象配偶者48万円（住民税は38万円）がありますが、これがなくなってしまうために支払う税金は倍近くに及ぶこともあるのです。

ケース② 夫婦ともに会社員だったケース

現代の現役世代ではこちらのパターンが多く、現実問題として専業主婦世帯をすでに逆転しています。実は年金生活に入った世代では、このパターンは最強です。仮に先ほどの例で考えて、夫の厚生年金が18万5０００円、社内結婚した妻の厚生年金も同額だとしましょう。ふたり合わせると税込みですが、37万円となります。生命保険文化センターの最新調査によれば、ゆとりある老後生活に必要な額は36万1０００円と試算されているので、ゆとりある老後が送れるはずです。

ですが、夫が先立った場合、事態は一変します。

このケースで夫が亡くなった場合、ずばり年金額は半分になるだけです。専業主婦ならばもらえた夫の遺族年金も1円ももらえません。夫婦共働きの場合、夫が亡くなった場合に支給される遺族年金は、妻がもらえる厚生年金の額が夫より少ない場合、その差額が払われますが、夫と同額、もしくは多い場合には1円も支給されないのです。

これは共働きで妻に先立たれたケースでも同様です。多くの場合、夫の厚生年金額の方が多いので、年金額は激減するだけです。

ケース③　夫が自営業者だった場合

おそらくもっとも厳しいケースはこのパターンです。2020年度価額で満額の40年国民年金保険料を40年間払っていたとしても支給される額は78万1700円（月額約6万5000円）です。国民年金は個人個人のものなので、残された妻は「寡婦年金」か「死亡一時金」を選択しなければなりません。この選択を間違えるとえらい損をすることになります。「死亡一時金」の場合12万～32万円が支給されるだけです。

一方、寡婦年金の場合、残された妻が60～65歳までの場合、夫の老齢基礎年金の75％が支給されます。最高でも月額6万5000円の4分の3ですから4万8750円にしかなりませんが、それでも「死亡一時金」よりは断然お得です。ただし、受給できるのは年金保険料を10年以上支払っていることや、年金の繰り上げ受給をしていない場合などといった条件がつきます。

年金だけで暮らしていくことはほぼ不可能なので、体が動く限り、働き続けることが必要不可欠となりそうです。

ちなみに夫婦で自営業を営んでいて、妻が先に亡くなった場合はどうかというと夫には寡婦年金は支給されません。寡婦年金はあくまでも残された妻のための制度です。残された夫は死亡一時金しか選択肢はありません。

ケース④　離別の高齢単身者は悲惨な結果に陥る

ここまで死別のケースを挙げてきましたが、離別となるとさらに悲惨です。

昨今は、夫の定年退職とともに離婚を切り出す「定年離婚」もすっかり定着してしまった感があります。現在、夫婦が離婚した場合、婚姻期間中に築いた財産は半分ずつ分割されることが原則です。自宅があった場合は、どちらかが売買価格の半分を相手に渡して住み続けることができますが、現金が用意できなかった場合には売却しなくてはなりません。

しかし、どちらかが独身時代に自宅を購入していた場合、共有財産には含まれないので分割の対象外となります。

また、年金にしても婚姻期間や貢献度などにもよりますが、原則として二分割されることになっています（配偶者が扶養されていた場合）。だから定年とともに離婚したりすれば、年金は大幅に減額してしまうことになります。

先に触れたように日本の公的年金制度というのは、夫婦を基準につくられています。つまり、ふたり分の年金でようやく生活が保てるというような設計になっているのです。

年金額が半分になると到底やっていけなくなります。ひとりひとりがもらえる年金額は生涯未婚の単身者よりも、かなり少ない額となります。未婚の単身者でもかなり厳しいですが、離別の場合はさらに悲惨なことになります。

仮に夫が年収１５００万円超の大手企業勤務のエリートサラリーマンで、妻が専業主婦だとしましょう。年収が１５００万円もあればさぞや年金額も高いだろうと思われる方もいらっしゃるかと思いますが、現行制度はそうなってはいません。どんなに稼いでいても月収62万円、賞与150万円が上限となっているため、高給取りのサラリーマンであってももらえる厚生年金はいいところ25万円前後といったところです。

いっとき、この夫の厚生年金の半分が離婚した場合に妻に支払われるという誤解が蔓延して、「定年離婚」が激増した経緯があります。先ほどの月額25万円の厚生年金をもらっている高級サラリーマンのケースで説明すると、12万5000円+自分の基礎年金である6万5000円がプラスされて19万円はもらえると勘違いした女性が続出したのです。しかし、分割されるのはあくまで厚生年金の報酬比例部分（2階分）のみです。25万円−6万5000円（基礎年金＝1階部分）＝18万5000円。この18万5000円の半分が最高限度です。つまり9万2500円です。

しかも半分というのは、相手の同意があった場合のみです。相手が納得しなければ調停に持ち込まれます。晩婚で婚姻期間が短かかったりすると、とても半分も受け取る権利はありません。さらにいえば、夫の会社からの企業年金などは対象外です。今は誤解を解くべくMAXのケースで説明しましたが、ごく平均的な給料をもらっている人の場合、分割しても6万円程度にしかなりません。自身の基礎年金（40年間満額を支払っていても）を合わせても12万〜13万円程度です（OLなどをした経験などによってももらえる年金額は変わります）。一人で5万〜6万円のアパートで暮らし始めても、残金はほんのわずか。大病して、いつ老後破綻するか脅えながら暮らす運命が待ち受けているだけです。

このような考えをもつのは圧倒的に女性が多いと思いますが、DV（ドメスティック・バイオレンス）やモラハラ、たび重なる浮気など耐えがたい屈辱を受けた方を除いては、熟年離婚はこと経済的要素から見たら、多額の慰謝料・財産分与でもない限り、いいことは何ひとつありません。

ケース⑤　生涯おひとりさまの老後は千差万別

生涯一度も結婚したことがなく、ひとり暮らしだった場合も厳しい老後が待ち受けます。大学を卒業して38年間、勤め上げた男性（女性）であっても、奥さん（夫）分の年金がないわけです。もちろん、先ほど紹介したような年収1500万円ももらうような高級取りは年金を25万円程度もらえ、さらに経団連に加盟する超大手商社の中には企業年金だけで毎月30万円近く出る会社もあります。公的年金と合わせると55万円と現役世代の平均年収をはるかに上回る金額が支給されます。ひとり暮らしでも余裕のはずです。さらに全体で23％しか採用されていませんが、本人が死ぬまで支給される「終身年金」（額は当然下がりますが）を支給する優良会社も存在します。このような人は、総じて貯蓄額も多く、さらには持ち家であることがほとんどなので、老後の心配などとは無縁です。

一方で、世間で一流企業といわれる会社に勤めていても、まったく逆のケースもあります。転勤族だったため、家を買うことは後回しにして社宅暮らしをしていた結果、60歳の定年とともに老後住むところに頭を悩ませているサラリーマンもいます。また離婚して、男手ひとつで子どもを名門私立中学から超難関私立大学まで通わせることには成功しましたが、気がついたら定年間際にもかかわらず、まったく貯蓄がないことに慌てふためくエリートサラリーマンも筆者の知人にいます。

また日本のデフレが深刻化した2000年前後に退職金制度が廃止されてしまったために、定年間際になって老後資金をどうするか、頭を悩ましている人もいます。

少し話はずれますが、退職金制度というものは法律で定められたものではありません。

よって会社の義務ではありません。就業規則に退職金の規定が記されていなければ、いつ廃止されても問題にはなりません。長年勤め上げれば、退職金をもらってゆっくりできるという考えは高度成長期、日本の経済が絶好調のころの過去の遺物にすぎないのです。

日本を代表する超大手家電メーカーなども、退職金制度を廃止し、その代わりに給料に上乗せして賃金を払い、確定拠出年金（iDeCo、あとで詳述します）を自分で運用するように制度変更しました。運用の成功次第で退職年金の額も変わる、いわゆる「自己責任」の時代なのです。しかし、20年以上にわたるデフレによる低金利のため、大きく資産を増やせる人というのは一部のハイリスクハイリターンの商品運用に成功した人に限られています。

大手企業であっても、会社によって、個人の資質によって雲泥の差が生じているのです。日本の企業の99％を占める中小企業はさらに厳しいものがあります。

経団連に加盟する大企業の大卒者平均の退職金が２２００万円を超えているのに対して（とはいえ、年々下がっているのが現実です）、中小企業のサラリーマンの退職金は大卒者で１２００万円程度、高卒者だと１１００万円程度と大きく乖離（かいり）しています。

高齢単身者に話を戻しますと、先ほども触れましたが、生活費というのはふたりいるから2倍かかるということはありません。ひとりの生活よりも、夫婦の生活のほうが節約できる幅が大きいのです。料理などは特に男性の場合は自炊が面倒だと外食や出来合いの総菜などで済ませてしまうことが多いですが、これだと食費はかなりかかりますし、栄養のバランスも偏ってしまうため、将来的に健康を損ない、多額の医療費がかかるというケースにも陥りやすいのです。

また、固定費の代表ともいえる家賃ですが、高齢単身者世帯の33・5%は賃貸生活です。都心暮らしにこだわれば昭和時代とは違い、銭湯なども激減しているためバス・トイレ付きが標準となっています。そうなるとちょっと古いマンション・アパートでも6万〜8万円、場所によっては10万円を超える家賃を死ぬまで支払わなければなりません。

もちろん、地方都市にいけば駐車場込みで2部屋くらいある夫婦向けのアパートを月4万円台で借りることも可能です。しかし、ひとり暮らしだからといって、それが半分になるわけではないのです。どんなに頑張っても、月2万円台でまともな部屋を探すのは至難の業です。

また地方ではファミリー向けが基準となっており、ひとり暮らし用の部屋は少ないので、家賃もそれほど下がりません。つまり、夫婦に比べて家賃を減らすことはかなり難しいということを考えておかなければなりません。

サラリーマンの社会保険は単身者に圧倒的に不利

そもそも、社会保険というのは、単身者に圧倒的に不利にできています。

特にサラリーマンの場合は、それが顕著です。

というのも、現在、サラリーマンが加入している社会保険（健康保険、厚生年金）は、単身者であっても既婚者であっても、給料が同じであれば同額になっています。ですが、既婚者の場合は、配偶者が社会保険に加入していないときでも、その配偶者の分の健康保険も国民年金（第3号被保険者）も、同じ社会保険料で賄われているのです。

つまりは、同じ社会保険料を払っても、既婚者の場合は、ひとり分の保険料でふたり分の社会保険を受けることができ、単身者の場合は、同じ保険料で自分の分の社会保険しか受けられないということなのです。

特に健康保険に関しては、単身者は本当に悲惨です。

単身者は、既婚者と同じ健康保険料で自分ひとりの健康保険しか賄われていません。しかし、既婚者で家族持ちの場合は、同じ健康保険料で、配偶者や子どもたち、さらには条件さえクリアすれば親までも会社の健康保険を受けることができるのです。

健康保険は40代の人であれば、年間30万円くらいは普通に払っています。一人で毎年、30万円以上の医療費がかかる人はそう多くはいないので、単身者のほとんどは、大幅な持ち出し状態となっているはずです。

大家族の健康保険料も、ひとり暮らしの健康保険料も同じ額になっているのだから、そうなるのも当然です。

このように日本の社会保険料は、既婚者や家族持ちを基準につくられているので、単身者は非常に不利なわけです。

高齢単身者は認知症リスクが高くなる

高齢単身者の場合は、収入や支出の問題とともに、健康の問題もあります。

単身者は、家族をもっている人よりも健康リスクが高いことが知られています。

国立社会保障・人口研究所が発表した資料によると、40歳時点での男性の単身者は、既婚者に比べて平均余命が8年程度短いということです。

また45歳から64歳までの単身男性の死亡率は、既婚者に比べて2倍以上になっています。肺炎による死亡リスクは、既婚者に比べて5倍となっています。

女性は男性ほど顕著ではありませんが、単身者のほうが既婚者よりも平均余命がかなり短く45歳から64歳までの死亡リスクも相当高くなっています。

これは、単身者の場合は、食生活に偏りが大きいために生活習慣病に罹患しやすいことや、病気になったときにそばで対処をしてくれる人がいないために生じていると分析されています。

また高齢単身者は認知症のリスクも高いとされています。

国内外のさまざまな大学が認知症研究を進めていますが、認知症になってしまった場合、もとの状態に戻す治療法は見つかっていません。投薬により、進行を遅らせることができる程度です。そして、「認知症の予防には会話がいい」という報告がされています。必然的に会話が少なくなる高齢単身者は認知症のリスクが高くなるというわけです。孤独度が高い人は、アルツハイマー型認知症になるリスクがほかの人の2倍以上になるという研究発表もされています。

「孤独」の死亡リスクは3割高まる

そもそも人は、「孤独」になると健康を害するようになっているようです。

アメリカ・ブリガムヤング大学のジュリアン・ホルトランスタッド教授の30万人以上のデータを対象とした調査研究によると、孤独のリスクは、

（1）一日にタバコを15本吸うことに同等
（2）アルコール依存症であることに同等
（3）運動をしないことよりも高い
（4）肥満の2倍高い

としています。

また同教授によると死亡リスクは、「社会的孤立」により29％、「孤独」により26％、「ひ

とり暮らし」により32%高まるということです。

またこれ以外にも、「孤独」が人の健康にもたらす害については、さまざまな研究発表がなされています。「孤独」は、心臓病、血管疾患、がんなどあらゆる病気のリスクを大きく高めることがわかってきています。

孤独は、ストレスホルモンであるコルチゾールを上昇させ、免疫力を低下させてしまうという研究発表もありました。

この健康リスクは、経済問題にもつながっていきます。

病気になりやすいということは、医療費がかかりやすいということでもあるからです。

高齢単身者は、日ごろから健康に気を配っていなければなりませんし、病気になったときの医療費対策も講じておかなければなりません。

「孤独死」という大問題

また高齢単身者の老後においては、「孤独死」という大きな問題があります。

昨今、日本では年間約3万人が孤独死しており、大きな社会問題となっています。

現代社会において、特に都心部では、地域で孤立するのは当たり前のようになっています。普通に生活をしていても、なかなか地域社会と接する機会はありません。都会のマンションなどに住んでいる人は、隣の人の名前さえ知らないことが多いはずです。

これは、都会という特殊性、現代社会の性質から見れば、仕方のないことでもあります。ですが、地域で孤立すれば孤独死などの危険は高まります。

人と接することがなくなると、最悪の場合、自分が死んでから何か月も誰も気づいてくれないというようなこともあり得ます。発見されたときには腐乱していたり、白骨化していたというケースさえ現実にあります。詳細は後述しますが、この孤独死の問題が高齢単身者の住居問題を難しくしている一因でもあります。

実際に、そういうことは昨今、いたるところで生じています。

「ひとりで気楽に生きて、気楽に死んでいきたい」

と思っている人でも、自分の遺体が何か月も発見されず腐乱死体で見つかるというようなことは望んでいないと思います。

それを予防するためには、自分から人と接しにいかなくてはなりません。

仕事をやめると、現役時代のように、強制的、自動的に人と接するようなことはなくなります。

だから自分から人と接することを心掛けなくてはなりません。

しかし、人と接する場合、お金がかかることも多いものです。食事をするにも、お茶を飲むにもお金がかかります。

どうすれば、お金をかけずに人と接する機会をもてるのか、ということは、高齢単身者のテーマでもあると思われます。

高齢単身者の死亡生命保険は最低限、医療保険も必要最小限でＯＫ

このように、高齢単身者の場合は、健康リスクがありますので、生命保険、医療保険にも特別な配慮が必要となります。

高齢単身者の生命保険は、配偶者やまだ学生など教育費がかかる子どものいる人とは、若干、違う方向にならざるをえません。

配偶者やお金がかかる子どものいる人は、自分が死んだあとの家族の生活のことを考え

図②　高額療養費制度利用時の自己負担限度額

69歳以下（平成30年8月診療分から）

所得区分	自己負担限度額	4か月以降
①区分ア （標準報酬月額83万円以上の方）	25万2600円＋（総医療費ー84万2000円）×1％	14万100円
②区分イ （標準報酬月額53万～79万円の方）	16万7400円＋（総医療費ー55万8000円）×1％	9万3000円
③区分ウ （標準報酬月額28万～50万円の方）	8万100円＋（総医療費ー26万7000円）×1％	4万4400円
④区分エ （標準報酬月額26万円以下の方）	5万7600円	4万4400円
⑤区分オ（低所得者） （被保険者が市区町村民税の非課税者等）	3万5400円	2万4600円

（注）「区分ア」または「区分イ」に該当する場合、市区町村民税が非課税であっても、標準報酬月額での「区分ア」または「区分イ」の該当となります。

70歳以上

被保険者の所得区分		自己負担限度額	
		外来（個人ごと）	外来・入院（世帯）
①現役並み所得者	現役並みⅢ （標準報酬月額83万円以上で高齢受給者証の負担割合が3割の方）	25万2600円＋（総医療費ー84万2000円）×1％［多数該当：14万100円］	
	現役並みⅡ （標準報酬月額53万～79万円で高齢受給者証の負担割合が3割の方）	16万7400円＋（総医療費ー55万8000円）×1％［多数該当：9万3000円］	
	現役並みⅠ （標準報酬月額28万～50万円で高齢受給者証の負担割合が3割の方）	8万100円＋（総医療費ー26万7000円）×1％［多数該当：4万4400円］	
②一般所得者 （①および③以外の方）		1万8000円 ［年間上限14万4000円］	5万7600円 ［多数該当4万4400円］
③低所得者	Ⅱ（※1）	8000円	2万4600円
	Ⅰ（※2）		1万5000円

※1 被保険者が市区町村民税の非課税者等である場合です。
※2 被保険者とその扶養家族全ての方の収入から必要経費・控除額を除いた後の所得がない場合です。
（注）現役並み所得者に該当する場合は、市区町村民税が非課税等であっても現役並み所得者となります。

協会けんぽホームページを基に作成

なくてはならないので、死亡保険金を高く設定している人が多いはずです。ですが、高齢単身者の場合は、この死亡保険金はそれほど必要ありません。

兄弟姉妹や甥、姪など、自分の死後の後始末をしてくれる人がいれば、そういう人のために葬式代プラスアルファ程度の死亡保険金をかけておけばいいでしょう。せいぜい300万〜500万円で大丈夫だといえます。30年後に合祀（ごうし）するといったひとり専用のお墓などの場合、100万円を切ります。現在、入っている保険を見直して、無駄な死亡保障などがついている保険は思い切って解約しておくことをお勧めします。

医療保険についてはどうでしょう。

生命保険文化センター（平成28年度）の調査によると、平均して入院日数は減っているものの、20代の11・6日に対して60代は22・6日と倍近い差が出ています。そう考えると、医療保険だけはかけなくてはならないと思いがちです。

しかし、50代後半の筆者の知人は昨年、肝臓病で1週間ほど入院しました。かかった治療費、交通費、雑費合わせて9万円ほどだったそうです。彼は20代半ばから医療保険に入っていましたが、利用したのは今回が初めてだったとのことです。医療保険ですべて賄えたそうですが、月額の保険料は9000円超、年間に換算すると10万円を軽く超えます。医療保険の場合、年齢が上がるごとに保険料が上がっていくので、一概にはいえませんが、単純計算でこれまで30年間で200万円以上の医療保険料を払っていたことになります。

その一方で、医療保険に入っていなかったのにもかかわらず、奥さんががんにかかってしまい、手術を余儀なくされた知人もいます。

彼はごく平均的な収入のサラリーマンでしたが、手術費は驚くほど安くすんだそうです。というのも、高額療養費制度があったからです。高額療養費制度とは、1か月（1日から月末まで）にかかった医療費の自己負担額が高額になった場合、一定の金額（自己負担限度額、通常3割）を超えた分が、あとで払い戻される制度です。医療費が高額になることが事前にわかっている場合には、所属する健康保険組合に「限度額適用認定証」を申請しておくと、確定申告することなく退院時に支払う際に安くすむという利点があります。

限度額は図②を参照してください。先の奥さんががんにかかった知人のケースでいうと、手術代などで100万円かかったとしても、

・8万100円＋（総医療費100万円－26万7000円）×1％＝8万7430円

で済んでしまうのです。低所得者や70歳以上の高齢者になると図②でわかるように、とても安い費用で医療が受けられるのです。

もちろん、陽子線治療や重粒子線治療など高度先端医療を受ける場合は300万円を超える費用がかかります（一部、保険が適用されるものもあります）。これは高額療養費制度が利用できません。がん家系で、体に不安がある人や、入院する場合に4人部屋などの大部屋ではなく、プライバシーを大切にしたいから個室を利用するつもりの人などは医療保険に加入しておくのも手でしょう。

いずれにせよ、年齢とともに上がっていく医療保険に漠然と入っているのではなく、自らの財政状況と相談しながら、「医療保険は最小限にとどめる」くらいに考えておくと固定費の削減につながりますし、お金の苦労から少しだけ解放されるはずです。

第2章
とにかく所得と年金を増やせ!

足りない5万〜8万円分を稼ぎ出せば老後は安心

第1章で高齢単身者の厳しい状況はおわかりいただけたかと思います。では足りない分はどうすればいいのか。身も蓋もありませんが、体が動く間は働けるだけ働き続けることがベストです。働き続ける間は老後ではありませんし、特に大きな借金（住宅ローンや子どもの学費など）がなければ、年金、退職金に加え、大目に見積っても月に10万円程度稼げれば問題ないはずです。

では、どうすればいいのか。一番簡単なのは定年後も現在の会社で再雇用してもらうことです。現在は65歳までは希望する人は全員再雇用しなければならない法律がありますし、2021年4月から政府は努力義務として70歳までの雇用を促しています。近々、これも法律として成立するはずです。給料は会社によって変わりますが、現役時代の7割〜3割近くまで減りますが、現役時代より75％未満になれば、高齢者雇用継続給付金として15％が補塡（ほてん）されます（しかもノータックス）。たとえば、現役時代40万円で働いていた人が再雇用で給料が20万円に減っても5割減ったわけですから、20万円×0・15％＝3万円が加算されるというわけです。しかも、健康保険、雇用保険など社会保険にも入っていられるわけですから（週20時間以上の勤務などの条件を満たした場合）、慣れた会社で働くのが精神的にももっとも楽なはずです。

それでもどうしても会社に残りたくない場合や自営業を廃業するなら転職するしかありません。しかし、残念ながらどんな一流企業で年収1000万円を超えるエリートだった人でも、よほど特殊な能力がない限り、希望どおりの職種で現役並みの収入を得ることはほぼ不可能であることだけは忘れないでください。ハローワークを取材してみましたが、50歳以上で事務職などの求人はほとんどなくなり、60歳を過ぎると正社員の求人もかなり少なくなります。年収で考えると300万円稼げれば御の字といえるでしょう。

前述したように、老後の生活で鍵を握るのは「持ち家」です。そういう借家住まいの人にずばりの仕事があります。それは「住み込みのマンション管理人」です。給料は20万円に届かないケースが多いですが、高齢者への求人はとても多いです。しかも、固定費のなかでもっともお金のかかる「家賃」と「光熱費」がほとんどかからないのも魅力です。

資産運用で稼ごうとか、起業したいという方もいらっしゃるかもしれません。しかし、高齢になってからの失敗は取り戻す術がありません。よほどの経験がない限り、資産運用に頼ることは避けた方がいいですし、起業するならば設備投資ゼロでも稼げる方法を考えるべきです。パソコン関係などに強く、かつ特殊な能力をもっている人ならば、ブロガーやユーチューバーとして多くのフォロワーがつき、スポンサーがついたりして商品PRなどの依頼が入るかもしれません。しかし、インフルエンサーほどの影響力のない一般のユーチューバーを例にとると、1再生につき0・05~0・1円といわれているので、10万再生程度あったとしても1回の投稿につき5000~1万円というのが現実です。月に数百万円稼ぐ人もいますが、あくまで例外です。趣味の延長として考えるのが得策です。

年金受給後に足りない分を稼ぐならば月に5万~8万円程度稼げれば十分です。思い切って人手不足のファストフード店やスーパーなどでアルバイトするという手もあります。東京都と神奈川県は最低時給が1000円を超しました。1日5時間を週3回働いても月額6万円、週4日働けば8万円になります。

現実問題として、高齢者への求人が多いのは清掃スタッフや警備員、介護職です。清掃スタッフの場合は、給料はとにかく適度に体を動かすので健康のためにもいいですし、警備員も外での仕事は、夏冬は厳しいですが、屋内ならばさほど体に負担がかかるものではありません。もっとも重要なことは現役時代のプライドを捨てることだと思います。

次項からは、年金の増やし方をお伝えしていこうと思います。

確定拠出年金を使いこなそう

前章で高齢単身者の場合は、家庭をもっている人に比べて、公的年金などで不利な状況にあるということをご紹介してきました。

だから、高齢単身者はその分、老後のお金を増やす努力をしなければなりません。

まだ老後には若干、時間がある50代以下の人たちに、最初に検討していただきたいのは、「確定拠出年金」です。

「確定拠出年金」は政府や金融機関が最近よく宣伝をしているのでご存じの方も多いはずです。会社が確定拠出年金に加入しているというサラリーマンの方もいるでしょう。

確定拠出年金というのは、ざっくりいえば、公的年金だけでは年金が足りないと思う人が、自分専用の年金を毎月5000円から積み立てられるという制度です。

そして確定拠出年金は、ほかの公的年金と同様に税制上の優遇措置があります。掛け金は所得から控除され、税金の対象からはずされるのです。

つまり、確定拠出年金に加入すれば、若干、税金が安くなるのです（所得税、住民税を払っていない人を除いて）。

またサラリーマンや経営者、主婦、フリーターなどほとんどすべての境遇の人が加入できます。会社が確定拠出年金に加入しているサラリーマンでも、自分個人で別建て加入することもできるのです。

金融庁が「公的年金だけでは老後資金は2000万円不足する」と発表して物議をかもしましたが、まさにこの老後資金不足を補うためにつくられたような制度です。

特に高齢単身者にとっては、確定拠出年金は非常に有効な「老後収入増加アイテム」といえます。

それは、次のふたつの理由からです。

ひとつは単純に年金額を増やせるということ。確定拠出年金は理屈からいえば、掛ければ掛けるほど年金受給額が増えます。これは、老後資金が不足がちな高齢単身者にとってはまず大事なことです。

もうひとつは、政治状況に左右されずに自分独自の年金をつくることができるということです。

特にふたつ目の理由は、高齢単身者にとって非常に重要です。

前にも触れましたように、公的年金というのは基本的に既婚者を基準としており、高齢単身者には非常に不利になっています。そして、公的年金の支給状況は今後ますます悪化していくことが予想されます。

「自分の掛け金よりも少ない年金しかもらえない」

という状況が、当たり前になっていくかもしれません。

そういう公的年金にあって、確定拠出年金だけは「自分の掛け金」と「自分の運用」だけで年金額が決定するのです。つまり、自分の努力がほぼ１００％還元される年金なのです。

しかも税金面などの優遇措置が受けられるのです。

だから、40代、50代や、それよりも下の世代のサラリーマンの人たちは、まずは確定拠出年金を使いこなすことを考えましょう。

確定拠出年金で年金支給額10％アップを狙おう

「確定拠出年金という言葉はよく聞くけれど、今ひとつよくわからない」

という方も多いようです。

なので、ここで確定拠出年金の概要を説明したいと思います。

確定拠出年金というのは、企業や個人が公的年金の不足を補うためにつくられた制度です。

拠出額は毎月5000円以上からその人の限度額まで、自分で決められます。拠出の限度額は、その人の加入している公的年金の状況によって決まっています（図③参照）。運用も自分で行うことになります。

この確定拠出年金は、会社全体で一括して加入することもできます。ですが、会社が一括して確定拠出年金に加入していても、さらに上乗せして個人で加入する枠もあります。

つまり、確定拠出年金というのは、どんな境遇の人もそれなりに自分で年金を増やせる

図③　確定拠出年金の上限額

	月の掛け金の上限
企業型確定拠出年金(DC)に加入していない会社のサラリーマン	2万3000円
企業型確定拠出年金に加入している会社のサラリーマン	2万円
DC加入企業のサラリーマン、公務員など	1万2000円
自営業者、自営業者の妻、フリーターなど	6万8000円
サラリーマンの配偶者に扶養されている主婦(夫)	2万3000円

制度といえます。

サラリーマンの場合は、最低でも1万2000円の枠があります。

年間にすると14万4000円です。これを15年程度掛け続ければ、老後に毎月1万5000円の年金上乗せが十分に可能だといえます。老後の月1万5000円は大きいです。現在の公的年金では平均的収入（年収510万円程度）の方の支給平均額が15万円程度なので、年金額が10％増しということになります。

この確定拠出年金（個人型）に加入する場合は、銀行や証券会社にいって申し込むことになります。

サラリーマンの方は、自分の会社がどういう年金に加入しているのか、自分には個人型確定拠出年金の枠がいくらあるのかということを会社の総務や経理担当者に聞いてみましょう。

確定拠出年金は自分で運用しなければならない？

確定拠出年金の大きな特徴として、「自分で運用する」ということがあります。

普通の公的年金であれば、掛け金は当局に勝手に運用されます。

確定拠出年金は、自分の掛け金で何かの金融商品を購入しその収益が将来の年金となるという仕組みになっています。

自分で運用するといっても、何から何まで自分でするわけではありません。窓口となっている銀行や証券会社などが用意している金融商品を、自分で選ぶという仕組みになっているのです。

この運用によっては、年金額が増えることもあれば減ることもあります。そういう運用のリスクを取りたくないという人には、元本保証の金融商品も用意されています。ただし、元本保証の商品の場合は、利回りがゼロに近いものになってしまいます。

だから運用によって年金の額を増やしたいというような人は、研究をして利回りのいい商品を選べばいいし、そういうのは面倒くさい、損だけはしたくないという人は元本保証の金融商品を買えばいいわけです。

掛け金は、限度額の範囲内において自分で設定することができます。だから、自分の懐具合に合わせて「自分年金」をつくることができるのです。

確定拠出年金は貯金や投資とどこが違うのか?

「掛け金で金融商品を購入するというのなら、自分で普通に金融商品を買ったほうが早いじゃないか?」

「そうしたほうが掛け金の制約などもないし、金融商品の種類も豊富だし、売り買いも自由にできるではないか?」

と思われる方もいるでしょう。

確かに「運用」という面だけを考えるのであれば、普通に金融商品を購入したほうが利便性はあります。

ですが、確定拠出年金には「税金が安くなる」という大きなメリットがあるのです。

確定拠出年金の掛け金は、所得税、住民税の対象から除外されます。つまり、確定拠出年金の掛け金には、所得税、住民税がかかっていないのです。

一方、普通に金融商品を購入する場合は、その原資は自分の手持ちのお金ということになります。自分の手持ちのお金は、所得税、住民税を差し引かれたあとのものであり、所得税、住民税が課せられたお金なのです。

平均的なサラリーマンの方では、所得税と住民税合わせて、だいたい15～20％の税金がかかっています。

金融商品に100万円投資するためには、所得税、住民税が20万円くらいかかっていますので、実際には120万円くらいのお金をかけているということになります。

しかし確定拠出年金の場合は、この20万円がかかっていません。その分だけ、確定拠出年金のほうが「利」があるということなのです。

この税金分を利回りだと考えれば、確定拠出年金の有利さがわかるはずです。昨今の低金利では、15～20％の利回りの金融商品などまずありません。もしあったとしても相当リスクの高いものです。

それを含めて考慮すれば、自分で金融投資をするよりは、確定拠出年金に加入したほうが断然、割安で投資ができるのです。

ただ確定拠出年金の場合、手数料が少し高いのが難点です。まず口座開設手数料が２７７７円です（金融機関によってはこれより高い場合もあります）。そして口座管理手数料は、安いところで月額１６７円（年２００４円）、高いところで６４２円（年７７０４円）などとなっています。これらの手数料の大半は、官僚の天下り機関に払われているものなので癪（しゃく）に障（さわ）ることではありますが、それを差し引いても確定拠出年金はかなり有利な「金融商品」だといえるのです。

民間の年金保険に加入して所得控除

自分の年金を増やす方法として、民間の年金保険という金融商品に加入するという方法もあります。これは、公的年金と同様に毎月年金保険料を払い、一定の年齢になると年金

図④　個人年金の所得税の控除額

年間保険料	控除額
2万円以下	全額
2万円超～4万円以下	1万円＋（年間保険料の50%）
4万円超～8万円	2万円＋（年間保険料の25%）
8万円超	4万円

図⑤　個人年金の住民税の控除額

年間保険料	控除額
1万2000円以下	全額
1万2000円超～3万2000円以下	6000円＋（年間保険料の50%）
3万2000円超～5万6000円以下	1万4000円＋（年間保険料の25%）
5万6000円超	2万8000円

として受け取ることができるという金融商品です。

年金のもらい方としては、「支払期間は15年間」というように支給期間が定められているものや、死ぬまでもらえるものなどもあります。死ぬまでもらえる商品の場合は、平均寿命で計算すると、若干、損をするようになっています。ただし、歴史的低金利の現在と違って、1993年ころまでに入った方たちの運用利回りは5・5%というお宝保険ですので、間違っても解約などはしないでください。

公的年金と違うところは、国の歳出による補充がないことと、保険料が全額所得控除とはならないことです。

しかし保険料の一部は所得控除になりますので、普通に預金や金融商品を買うよりは、その所得控除分だけ有利になるのです。

所得控除の額は、図④と⑤のとおりです。

毎月1万円の年金保険に加入していたとすれば、年間の保険料は12万円です。その場合は、所得税で4万円分、住民税で2万8000円分の所得控除を受けることができます。

所得控除というのは、その金額分の税金が安くなるというわけではなく、税金の対象とななる所得がその金額分だけ控除されるということです。だから安くなる税金として、所得控除に税率をかけた金額ということになります。

平均的年収のサラリーマンの場合、月1万円の年金保険に加入したとして、だいたい所得税、住民税合わせて6000～1万円程度の節税になります。年間保険料12万円で、これだけの節税になるというのは、けっこう有利だといえます。この節税分を利回りと考えると、5～8％程度ということになるからです。

ただ、掛け金の全額が所得控除となる確定拠出年金と比べれば、かなり分が悪いです。だから、まずは確定拠出年金に上限枠いっぱいまで加入し、余力があれば、民間の年金保険に加入するという方法を採るのが妥当でしょう。

ＮＩＳＡは配当金狙いの人にピッタリ

自分で老後の資金を増やす方法として、ＮＩＳＡも注目されています。

ＮＩＳＡというのは、金融機関にＮＩＳＡの口座をつくれば、年間120万円までの投資の運用益に税金が課せられないという制度です。

現在の配当に対する税金は20・315％ですが、この税金がかからなくなるわけです。

またＮＩＳＡの枠内で行った株式などの売買で得た収益についても、税金はかかりません。

ＮＩＳＡは最長5年間できるので、最大で６００万円までの投資が無税でできるわけです。

ただし、このＮＩＳＡには税制上の不利な点もあります。というのは、ＮＩＳＡは利益が出たときには非課税となっていますが、損が出たときの税制上の救済措置はまったくないのです。

普通の株投資などの場合は、１つの株で損が出たときには、ほかの株のもうけと合算して計算することができます。そして、年間の合算額に赤字が生じた場合には、その赤字を翌年以降（3年間）に持ち越すことができます。

しかし、ＮＩＳＡでは赤字の通算や繰り越しということができません。

だから頻繁に株取引をしていて、赤字が出る機会が多いような人はあまり向いていないともいえます。

ですが、株の売買（キャピタルゲイン）によって収益を上げるのではなく、少数の株を長年もち続けて配当金で収益を得よう（インカムゲイン）と思っている人にとって、ＮＩＳＡは非常に有効なアイテムだといえます。

老後の資金稼ぎのための株式投資は、売買益を得ることよりも配当金を目的とするほうが安全で無理のない収益が得られると思われます。日本の大企業には安定的に配当を行っている企業がたくさんあります。そういう企業の株をもっていれば、定期預金などに預けるよりもはるかに大きな配当が得られる可能性が高いのです。

そういう「長期保有目的」の株式投資においては、ＮＩＳＡはうってつけだといえます。

「つみたてＮＩＳＡ」は安全運転好み向き

このＮＩＳＡでは２０１８年から「つみたてＮＩＳＡ」という制度が新たにつくられました。

「つみたてＮＩＳＡ」というのは、元来のＮＩＳＡよりも1年あたりの投資額の上限を少なくし、その代わり投資期間を大幅に延ばし長期にわたって投資できるというものです。

つまり、積み立てのようにして、毎年、株を買い増していくことができる制度なのです。

「つみたてＮＩＳＡ」は具体的にいえば、非課税となる投資枠が年間40万円で、投資期間は最長20年となっています。

非課税の投資枠が従来のＮＩＳＡの３分の１になっている一方で、投資期間は４倍の20年になっています。だから、全期間の投資枠は最大８００万円ということになり、従来のＮＩＳＡの６００万円よりも拡大しているというわけです。

ただし、この「つみたてＮＩＳＡ」は、投資できる商品が非常に限られています。

「つみたてＮＩＳＡ」では、金融庁が承認した金融商品（投資信託）のみにしか投資できないのです。もちろん金融庁が厳選しているわけですから、そう大きな痛手をかぶることはないはずです（とはいっても、原則として投資の結果については自己責任です）。

そして不便なことに、従来のＮＩＳＡと「つみたてＮＩＳＡ」は、併用することができなくなっています。

「つみたてＮＩＳＡ」は、長期間にわたって安定的に積み立てるときには適しているといえます。ですが、自分の力で運用できる範囲は非常に狭いものとなります。

だから、自分の投資能力に自信があるという人は従来のＮＩＳＡを選び、安全な投資を積み立て式にやりたいという人は「つみたてＮＩＳＡ」がいいでしょう。

結局、どれがもっとも有利なのか？

ＮＩＳＡは、確定拠出年金と同様に、「有利に資産を増やす方法」として国や金融機関がよく宣伝しています。ＮＩＳＡも確定拠出年金も基本的に自分で運用するものなので、似たようなものだと思っている方もいるかもしれません。

しかし、ＮＩＳＡと確定拠出年金は大きく違います。

ＮＩＳＡの特徴として「税金がかからない」ということがよくいわれます。しかし、ここでいう「税金がかからない」というのは、確定拠出年金の「税金がかからない」とは、大きく意味合いが違います。

ＮＩＳＡの「税金がかからない」というのは「配当や売買益に税金がかからない」ということだけです。

一方、確定拠出年金の「税金がかからない」というのは、「配当や売買益」にかからないだけではなく掛け金そのものにもかかりません。掛け金の全額が所得控除となり、所得税、住民税の対象から外されます。

ＮＩＳＡは掛け金そのものについては、所得控除の対象ではありません。つまり、所得税、住民税を支払ったあとの「手取り」のなかから、投資をするというわけです。

簡単に説明すれば、確定拠出年金は加入した分だけ税金が安くなり、運用益が出ても税金がかからない。しかしＮＩＳＡは加入しても税金が安くなるわけではなく、運用益にだけ税金がかからない、ということなのです。

圧倒的に、確定拠出年金が有利だといえます。

またＮＩＳＡの場合は、純然たる投資ですから、通常の金融投資と同様にリスクを背負わなければなりません。だから、投資が得意な人、投資に興味がある人でないと使いこなせません。よって、投資にさほど自信がない人は無理に始める必要はありません。

サラリーマンの方が自分で老後資金を増やす方法を総じていえば、有利な順番としては次のようになります。

安全に老後資金を確保したい人

1位　確定拠出年金（元本保証を選ぶ）
2位　個人年金
3位　預貯金
4位　NISA

積極的に投資によって老後資金を増やしたい人

1位　確定拠出年金（自分で投資先を選ぶ）
2位　NISA
3位　個人年金
4位　預貯金

勤務40年に達していない人は付加年金を加えて国民年金を満期に近づけよう

定年退職したあとは、公的年金を増やす方法は限られています。

それでもいくつか方法はありますので、該当する人はそれをやってみましょう。

まずサラリーマンの方で、40年勤務せずに定年退職された方は、定年後も任意加入制度を利用して国民年金に加入することをお勧めします（65歳まで）。

普通に現役で大学に入っても、卒業して60歳で定年となれば勤務期間は38年にしかなりませんし、さらに留年したり留学していたりするとさらに納付期間が短くなり、その分受け取る額も少なくなるというわけです。公的年金の1階部分、老齢基礎年金や国民年金というのは40年で満期という設定になっています。

現在、年間78万１７００円支給される老齢基礎年金というのは、40年間、年金を払い続けた人がもらえる金額です。40年より少ない場合は、それよりも少ない金額になるのですから、少しでも老後の生活資金を増やしたいのならば満期の40年間に近づけておく必要があります。

定年退職すると、会社の厚生年金はもう掛けることができません。しかし、国民年金であれば加入して掛けることができます。令和2年は1万６５４０円の掛け金となっていますが、口座振替で1年分前納すれば４１３０円、2年分前納すれば1万５７６０円の割引制度もあります。

さらに定年後、国民年金に加入する場合は、「付加年金」というお得な制度にも加入するといいでしょう。

付加年金というのは、毎月の保険料に追加して400円の付加保険料を支払えば、年に200円×加入月数の年金額が生涯にわたってもらえるという制度です。

たとえば、付加年金に5年間(60か月)加入した場合、年に1万2000円もらえるのです。これは一生もらい続けることができます。付加年金の5年間での掛け金というのは、2万4000円です。だから、たった2年で元が取れるわけです。

この付加年金は、国民年金に入っていない人は掛けることができません。だから普通のサラリーマンは掛けることができないのです。厚生年金の加入期間が40年に満たずに定年後に国民年金に加入した人にとっては、たまたまの幸運ということになります。

よく若者らを中心に「年金を掛けても年金制度が破綻するかもしれないから払わない。いざとなったら生活保護をもらえばいい」という論調を聞きますが、ばかげています。年金制度が破綻することはありません。年金制度が厳しいことは確かですが、現在の年金制度は積み立て方式ではなく、現役世代から高齢者へ「仕送り」する賦課方式です。しかも、年金の半分は税金によって支えられています。今どきというか過去にも将来的にも50%の利回り商品なんてあるわけがありません。

ましてや、国民年金に入らないことによるマイナス面のほうが大きいといわざるをえません。たとえば、現役世代に国民年金に入らなかった状態が続いたとして、事故に遭い、障がいが残ったとしましょう。国民年金に入っていたら高度障がいが残る1級障がい者になってしまった場合、満額の78万1700円×1・25倍＝97万7125円が、2級障がい者になっても78万1700円は支給されますが、国民年金を払っていなければ、どんなに重い障がいが残ったとしても1円も支払われません。一寸先は闇です。目先の損得勘定だけにとらわれると、気がついたら取り返しのつかないことになっていたということにもなりかねません。

「繰り上げ支給」と「繰り下げ支給」の長所と欠点

もうすでに老後を迎えた人、老後まであまり時間がない人にとっては、「公的年金をい

図⑥　老齢基礎年金の「繰り上げ支給」の年金減額率

支給開始年齢	年金減額率
60歳0か月～60歳11か月	30.0～24.5%
61歳0か月～61歳11か月	24.0～18.5%
62歳0か月～62歳11か月	18.0～12.5%
63歳0か月～63歳11か月	12.0～ 6.5%
64歳0か月～64歳11か月	6.0～ 0.5%

図⑦　老齢基礎年金の「繰り下げ支給」の年金加算率

支給開始年齢	年金加算率
66歳0か月～66歳11か月	8.4～16.1%
67歳0か月～67歳11か月	16.8～24.5%
68歳0か月～68歳11か月	25.2～32.9%
69歳0か月～69歳11か月	33.6～41.3%
70歳0か月～	42.0%～

図⑧　繰り上げ受給、繰り下げ受給のメリット、デメリット

	繰り上げ受給	繰り下げ受給
メリット	・平均寿命から算出した年金総受給額が多くなる。 ・どう変わるかわからない年金制度において早めにお金を確保できる。	・長く生きれば生きるほど有利になる。 ・税金が安くなる傾向にある。
デメリット	・長く生きれば生きるほど不利になる。 ・税金が高くなりがち。	・平均寿命から算出した年金総受給額が少ない。 ・どう変わるかわからない年金制度において遅くもらうとリスクが高まる。

かに有利にもらうか」が非常に大事になってきます。

公的年金は、もらい方によってかなり支給内容が違ってきます。

公的年金には、「繰り上げ支給」と「繰り下げ支給」という制度があります。

現在の公的年金は、原則として65歳から支給されることになっていますが、希望すれば60歳から年金が受給できます。その代わり、年金の支給額が最大30％減額されます。

その逆に、希望者には年金の支給開始年齢を遅らせるという制度もあります。最大70歳まで繰り下げた場合、年金の支給額が

最高で42％上乗せされます。政府の方針で繰り下げ受給を75歳まで延ばす案も具体化しています。その場合、最大で84％上乗せされる計算です。仮に20万円の厚生年金を受け取る権利をもつ人が75歳まで繰り下げれば、単純計算で36万８０００円となります。

先に述べたようにゆとりある老後生活を送るのに必要な金額は夫婦ふたりで36・１万円ですから、たったひとりでこの金額を上回る計算になります。

しかし、この数字だけに惑わされるのは危険です。仮に５年間繰り下げたとして、増額する年金は42％です。しかし、収入が上がるにともない、所得税や住民税や社会保険料も上がります。その分、手取りが減ります。おおよそですが、手取りは33％増ほどになるはずです。75歳まで繰り下げた場合、84％増なので、さらに税金と社会保険料が上がり、思ったよりも手取りは多くない結果にがっかりするかもしれません。

さらに75歳まで繰り下げた場合、65歳からもらい始めた人を追い越すのは86歳です。平均寿命が男性で81歳の現在、平均寿命より５歳以上長く生きなければ元は取れない計算です。50歳以上になると毎年誕生月に日本年金機構から送られてくるねんきん定期便でも繰り下げ受給のメリットを前面に押し出すようになりましたが、できるだけ年金受給を遅らせて、最終的には年金受給年齢を65歳から引き上げる意図が見え隠れします。

現実では繰り上げ受給を申請する人のほうが圧倒的に多く、平成29年度で8・0%、繰り下げ受給を申請した人はわずか1・5%しかいませんでした。また繰り上げ受給した理由のほとんどが「経済的に苦しいから」というものでした。

どちらがいいのか、というと、その人の資産状況や考え方によって違ってきます。

普通の受給開始時（65歳）にした場合、60歳で繰り上げ支給をした人の年金支給総額を超えるには、11年程度かかることになります。

つまりは76歳よりも前に死ぬのであれば、60歳繰り上げ支給を受けたほうが得ということになります。しかし現在、男性の平均寿命は先述したように81歳くらいですので、平均寿命年齢で亡くなった場合は、もらう総額だけで考えると繰り上げ受給は損という結論になります。

女性の場合、現在の平均寿命は87歳くらいですので、60歳で繰り上げ支給を受けると相当額損をしてしまう結果になります。

ただ、年金の場合、単純に平均寿命で損得を計算できない面もあります。

年金の大きな特徴に「死ぬまで一定の収入が保証される」ということがあります。人は、いつまで生きるかわかりません。もしかしたら、100歳以上まで生きるかもしれません。自分の資産で老後資金を賄おうとした場合、平均寿命をもとに計算しているとけっこう大変なことになります。平均寿命よりも20年長く生きれば、最後は非常に苦しい生活となってしまいます。

そういう心配を補うのが、年金の大きな特徴でもあるのです。

つまり、年金というのは「老後の生活資金」であると同時に、「思ったよりも長く生きたときの保険」でもあるのです。

さらに「健康寿命」という概念も考慮しなくてはなりません。

健康寿命というのは、他人の手を借りずに自らの生活を滞りなく過ごす年齢のことです。現在、健康寿命は2016年のデータですが男性で72・14歳、女性で74・79歳となっています。もらえる年金を増やすことのみを考えて繰り下げ受給を選んで我慢した結果、受給年齢になった途端に介護が必要になり、お金が増えても旅行したりスポーツをしたりといった潤いのある楽しい生活が送れなくなる可能性も高まることです。

これらのメリット、デメリットを考慮し、どちらを選ぶかはその人の考え次第でしょう。

筆者のような小心者は、思った以上に長生きしたときに収入が少ないのは不安なので、できるだけ支給を遅らせたいと思っています。

ただ年金制度の場合、今後どうなるかわからず、支給額がどんどん減らされていくのは既定路線ですので、「もらえるうちになるべくもらっておいて」元気なうちに楽しむという考えも間違っているとはいえません。

年金は遅くもらうほうが税金面では有利

年金の受給時期を考えるさいには、税金も考慮しなければなりません。

公的年金も、一定の金額を超えれば税金がかかってきます。

そして、「税金のかからない年金上限額」というのは、65歳がポイントになります。

「税金のかからない年金上限額」が、65歳未満と65歳以上で大きく変わってくるからです。

図⑨のように65歳未満の人は、公的年金を60万円以上もらえば税金がかかるようになります。

税金には基礎控除や社会保険料控除があるので、60万円を超えればすぐに税金がかかるというものではありません。しかし、高齢単身者の場合は、扶養控除、配偶者控除などが受けられないので、一般的に家族のいる人よりも「税金のかからない年金上限額」は低くなっています。

だいたい120万～140万円の公的年金をもらっていれば税金がかかってくることになるでしょう。

一方、65歳以上の場合は、公的年金は110万円以上にならないとかかってきません。基礎控除や社会保険料控除を考慮すれば、170万～190万円くらい公的年金をもらっている場合でないと、税金はかかってこないでしょう。

わかりやすく説明するために、たとえば、65歳で230万円の年金をもらいはじめたとします。その場合は、「税金のかかる所得」の計算は次のようになります。

●税金の対象となる所得（※計算式は図⑨を参照してください）

公的年金額230万円×1・0－110万円＝120万円

図⑨　公的年金等に係る雑所得の速算表（令和2年分以後）

公的年金等に係る雑所得以外の所得に係る合計金額が1000万以下			
年金を受け取る人の年齢	(a)公的年金等の収入金額の合計額	(b)割合	(c)控除額
65歳未満	公的年金等の収入金額の合計額が60万円までの場合は所得金額はゼロとなります。		
	60万1円から129万9999円まで	100%	60万円
	130万円から409万9999円まで	75%	27万5000円
	410万円から769万9999円まで	85%	68万5000円
	770万円から999万9999円まで	95%	145万5000円
	1000万円以上	100%	195万5000円
65歳以上	公的年金等の収入金額の合計額が110万円までの場合は、所得金額はゼロとなります。		
	110万1円から329万9999円まで	100%	110万円
	330万円から409万9999円まで	75%	27万5000円
	410万円から769万9999円まで	85%	68万5000円
	770万円から999万9999円まで	95%	145万5000円
	1000万円以上	100%	195万5000円

国税庁ホームページを基に作成

図⑩　所得税（平成27年1月1日より改定）

課税される所得金額	税率	控除額
195万円以下	5%	0円
195万円を超え330万円以下	10%	9万7500円
330万円を超え695万円以下	20%	42万7500円
695万円を超え900万円以下	23%	63万6000円
900万円を超え1800万円以下	33%	153万6000円
1800万円を超え4000万円以下	40%	279万6000円
4000万円超	45%	479万6000円

出典：国税庁ホームページ

年金の対象となる所得は、120万円となります。

これに、基礎控除が48万円、社会保険料控除、生命保険料控除などが32万円あったとします。控除額は合計で80万円です。

120万円から80万円を差し引くと残額は40万円になります。

この40万円に税率をかけることになります。

所得税の税率は5％なので、2万円となります（以上図⑩参照）。住民税の税率は10％なので、約4万円となります（住民税の所得額の計算は、少し右記とは異なります）。

つまり、合計約6万円の税金を課せられ

ることになるのです。

老後の6万円というとけっこう大きいです。6万円というと年配者にとって、4～5回は外食にいったり、飲みにいったりできるくらいの金額ですし、旅行にも1～2回いけます。

よって公的年金の額を所得控除内におさめて、住民税（所得割）を支払わないようにすればまた別の恩恵も受けられます。

だから年金の受給額は、「控除額の範囲内に抑える」というのも、年金戦略の一手といえます。前掲の繰り上げ受給の制度を利用して、あとで説明する住民税非課税世帯となって得をするといった考え方もありでしょう。

年金をもらう前に5か月分の失業手当をもらおう

多くの人が、老後の収入の柱は年金になります。

定年退職したあとは、まずどういうふうに年金をもらおうかということを検討すると思いますが、その前に絶対に忘れないでいただきたいことがあります。

図⑪　基本手当の所定給日数
一般受給資格者（自己都合等、定年退職者）

被保険者期間	1年以上5年未満	5年以上10年未満	10年以上20年未満	20年以上
全年齢	90日	90日	120日	150日

それは、失業手当をもらうことです。

「定年退職は失業じゃない」と思っている人が多く、失業手当がもらえることなどまったく想定していない人もいるようです。

ですが、定年退職であっても、失業保険をもらえる資格があるのです。

ただし、リストラなどの会社都合の場合と違い自己都合退職となるため、3か月間の待機期間の後に最大で5か月間は失業保険がもらえます。平均的な給与をもらっている人の場合、おおよそですが1か月で約20万円もらえます。これが5か月ですから約100万円もの大金がもらえます。そして、失業手当は非課税なので税金等は一切引かれません。また再雇用など再就職が決まっている人も頭ひとつ使えば、失業手当がもらえます。

定年後すぐに再就職が決まっているような人は、さすがに失業保険はもらえません。しかし、次の条件に当てはまる人は失業保険がもらえるのです。

ざっくりいえば、定年退職後に再就職をしておらず、求職の意思を示していれば、失業手当はもらえます。しかも65歳になるまではもらえるのです。64歳11か月で退職しても、まだ失業手当はもらえます。この場合だと、失業手当に加えて、65歳からの年金も満額受けとれます。

失業手当をもらうには、自分の住居を管轄するハローワークに行って手続きを取らなければなりません。また会社から離職票などももらってこなければなりません。詳しい手続きについては、お近くのハローワークにお尋ねください。

定年退職して失業保険がもらえる人の条件

・定年退職前に6か月以上、雇用保険に加入していること

・65歳未満であること
・健康ですぐに働ける状態にあること
・働く意思があること
・ハローワークなどで求職していること

住民税の非課税者になると大きな特典がある！

あまり知られていませんが住民税の所得割を支払っていない世帯（人）には、いろいろな特典があります。

住民税の所得割の計算では、課税所得からさまざまな「所得控除」を差し引くことになります。この「所得控除」を差し引いたら、所得がゼロになったりマイナスになったりする場合もあります。そのときには、住民税の「所得割」は課せられません。

この住民税の所得割が課せられていない世帯のことを「住民税非課税世帯」といいます。この「住民税非課税世帯」には、さまざまな行政上の恩恵があるのです。

この恩恵は、だいたい次のようなものです。

図⑫　高齢単身者で住民税非課税世帯になれる所得額

●65歳未満の場合

公的年金控除額60万円＋基礎控除43万円
＋社会保険料20万円＝123万円
↑
年金以外に収入がなく、年金額がこれ以下ならば住民税非課税世帯になれる

※社会保険料を20万円とします。

●65歳以上の場合

公的年金控除額110万円＋基礎控除43万円
＋社会保険料20万円＝173万円
↑
年金以外に収入がなく、年金額がこれ以下ならば住民税非課税世帯になれる

※社会保険料を20万円とします。

・国民健康保険料の減免を受けやすい
・高額医療費が普通の世帯よりも安い額で受けられる
・世帯のなかに障がい者がいる場合はＮＨＫの受信料が免除になる

このほかにも、自治体によっては医療費の補助が出るなどの特典があります。

年金受給者というのは、所得計算において一般の人よりも有利になっていますので、「住民税の非課税者」になりやすいのです。

年金収入があまり多くない人や、年金支給時期を繰り下げてもいいと思っているよ

うな人は、せっかくだから「住民税の非課税者」になってさまざまな恩恵を受けるというのも一考だといえます。

ここで「住民税の仕組み」と、「住民税の非課税者」になる方法を簡単にご説明しましょう。

住民税は、所得に応じて課せられる「所得割」と、一人につき決められた「均等割」を合わせた額を払うことになっています。「均等割」が免除になるのは生活保護の受給者などに限られていますので、一般の人が免除されるのは「所得割」となります。

所得割はどういう計算式になるのかというと、所得税の計算と同じように「所得額」を算出し、その所得額から「所得控除」を差し引いて、その残額に10%をかけるのです。

所得額の計算は所得税と同じなのですが、「所得控除」の金額は若干違います。

たとえば「基礎控除」は所得税が48万円なのに対し、住民税は43万円です（所得2400万円以内の場合）。また高齢単身者には関係ありませんが、「扶養控除」も扶養家族一人あたり所得税が48万円なのに対し、住民税は43万円です。

住民税のほうが、所得控除の額が若干少なくなっており、つまりは住民税の方が所得税よりも課税されやすいということです。

おひとりさまで、所得控除が「基礎控除」「社会保険料控除」しかないという人の場合は、だいたい図⑫のような金額以下であれば、「住民税非課税世帯」となります。65歳以上の場合は、年金収入がだいたい173万円以下ならば「住民税非課税世帯」になれるわけです。かなりハードルは低いと思われます。

またアルバイト収入などは65万円までは所得として換算されません。だからアルバイトは65万円まではできるというわけです。また65万円を超えたとしても「65万円を超えた部分」と「年金収入」の合計が、だいたい173万円以下ならば住民税非課税世帯になれるのです。

繰り返しになりますが、年金を繰り上げ受給するなどして、「住民税非課税世帯」になるというのも老後対策の一考だと思われます。

フリーランサー、個人事業者の年金はヤバい

フリーランサー、個人事業者の高齢単身者の年金は、サラリーマンよりもかなりヤバい

です。

というのも、フリーランサー、個人事業者の場合、義務づけられている年金は「国民年金」だけです。国民年金というのは、サラリーマンの厚生年金における「基礎年金」の部分です。サラリーマンの厚生年金は「基礎年金」にプラスして、報酬に比例してもらえる「厚生年金保険」があります。

しかし、フリーランサー、個人事業者で国民年金しか加入していない人は、この「基礎年金」しかもらえないのです。

この基礎年金は、満額の40年間掛け続けた人でも、現在支給されているのは月額約6万5000円です。これは夫婦でともに掛けていてどうにか生活費を賄えるギリギリの額であり、高齢単身者では到底生活できる金額ではありません。

つまりは、義務的な年金（国民年金）だけかけていても、高齢単身者では絶対に老後の生活費を賄えるものではないのです。

しかも、この国民年金さえ加入していない人もかなりいるようです。

「年金なんて払ったって、年金制度は破綻するかもしれない」

と思っている人もいます。フリーランサー、個人事業者は特にその傾向が強いようです。国民年金の加入は20歳以上の国民の義務のため、年間所得が300万円以上あるにもかかわらず、未納が7か月以上続くと差し押さえが強制執行されます。年間所得が300万円未満の方でも、どうしても支払えない場合は年金事務所に出向いて「免除申請」を行ってください。全額免除が認められれば、半額は支払われますし、万が一、障がい者になった場合でも障害年金を一部受けとれます。

しかし、前述したように未納のままだと障がい者になっても1円も支払われません。

そもそも年金制度自体が壊れるなんてことはありえません。

というのは、年金制度は、今よりももっと厳しい状況のなかでも生き残った制度なのです。年金制度は、もとはといえば戦前の恩給制度からきたものです。この恩給制度は、敗戦になって国家がほとんど破綻したときにも守られてきています。

また戦時中につくられた厚生年金も、戦後もちゃんと生き残っています。だから今のおじいさん、おばあさんのなかには、戦時中、軍需工場に徴用されたときの年金をもらっている人もけっこういるのです。

年金制度が破綻すれば、深刻な社会不安が起きるはずです。だから国としても、絶対に年金制度を破綻させないように努力するでしょう。年金制度が破綻するときは、日本が崩壊するときだといえます。そうなったときには、国民みながサバイバーのような生活をしなくてはならないので、年金どころではなくなっているはずです。

だから、現在のところ、やはり老後の生活は「年金を中心に考えるべき」なのです。

フリーランサーや個人事業者は、公的年金で生活費を得ることは断念しなければならないのか、というとそうではありません。フリーランサーや個人事業者には、国民年金を補完するための制度がいくつか設けられています。その制度をうまく使えば、サラリーマンの厚生年金と同程度の年金はすぐにもらえるようになります。

フリーランサー、自営業者の年金補完制度は次の３つです。

・国民年金基金
・小規模企業共済
・確定拠出年金

この3つには、それぞれ一長一短があり、どれが一番いいとは一概にはいえません。だからそれぞれの特徴を踏まえたうえで自分に合ったものを選ぶ必要があります。

次項以下でこの3つの内容をご紹介していきましょう。

国民年金基金で月額2万円の終身年金をゲット

国民年金基金というのは、厚生年金に加入できない人（自営業、フリーランサーなど）が、国民年金を補完するために、任意で加入できる「公的年金」です。

国民年金基金は、年金として非常に有利なものです。

月額2万円の終身年金をもらうためには、40歳加入で月額1万6740円を払えばいいのです。これは15年支払い保証なので、もし早く死んでも元は取れます。15年支払い保証がない掛け方もあり、これは若干、掛け金が安くなります。

掛け金を自分で決められるので、自分の所得に合わせて払うことができます。

さらにこの国民年金基金は、ほかの社会保険同様、支払った全額を所得から控除できま

図⑬　国民年金基金の概要

●加入対象者

自営業やフリーランスの人とその配偶者で、保険料を納めている20歳以上60歳未満の方が加入することができます。

●掛け金

掛け金は月額6万8000円以内で自由に選択できます（ただし、個人型確定拠出年金にも加入している場合は、その掛け金と合わせて6万8000円以内となります）。

●納付方法

掛け金の納付は口座振替により行われます。

4月から翌年3月までの1年分を前納すると0.1か月分の掛け金が割引されます。

また割引はありませんが、翌年3月までの一定期間分の掛け金を一括して納付することができます。

●掛け金の変更と解約

掛け金額は変更（増口、減口）することができます。増口は年度内1回に限ります。

また解約はできますが、返金はありません。すでに納付した掛け金は将来の年金に加算されます。

す。だから自分で民間の金融機関などに老後の資金をためるよりは、圧倒的に有利だといえるのです。

また国民年金基金は、国民年金とは別個に運営されており、社会情勢によって年金額が下げられたりということもありません。

国民年金基金のメリットは、終身タイプの年金に格安で入ることができる、ということでしょう。後述する確定拠出年金にも終身タイプの年金はありますが、現在の低金利時代では、あまりコストパフォーマンスはよくありません。現在のところは、国民年金基金が上回っているといえます。

しかし国民年金基金は、インフレに対応できない、というデメリットがあります。国民年金基金は加入したときの利率が生涯続くことになり、現在は1・5%です。

しかし、1・5%の利率というのは、現在の金融商品としては決して悪いものではありません。今はマイナス金利時代ですから、定期預金などではほとんど利率はゼロに近いものがあります。確定拠出年金で元本保証の定期預金に入るよりは、国民年金基金に加入していたほうが、よほど利率がいいのです。

図⑭　確定拠出年金の自営業（フリーランサー含む）の加入条件等

●満20歳以上60歳未満。

●国民年金保険料を納付している。
（障害基礎年金受給者を除き、全額免除・半額免除等を
受けていないこと）

●農業者年金基金に加入していない。

●拠出限度額
国民年金等と合わせた拠出額が年81万6000円（月6万8000円）以内。
（例）国民年金基金に年48万円（月4万円）拠出している場合
→個人型確定拠出年金への拠出限度額
　年33万6000円（月2万8000円）

※毎月の拠出額は、5000円以上1000円単位で指定が可能。
※国民年金の付加保険に加入されている人の年間拠出限度額は
　年80万4000円（月6万7000円）。

自営業者も確定拠出年金に入れる

前述したように確定拠出年金は、サラリーマンの年金を補完する有効なアイテムです。特に高齢単身者のサラリーマンにとっては、確定拠出年金は必須アイテムとさえいえます。

この確定拠出年金は、実は自営業者、フリーランサーにとってもかなり「使えるアイテム」なのです。

というより、実は確定拠出年金でもっとも大きな枠を与えられているのは自営業者なのです。

自営業者、フリーランサーは、掛け金の

限度額が月6万8000円であり最高額となっています。しかしこの限度額は、国民年金基金との2つの合計額となっています。

だから満額で入ろうと思っている人は、国民年金基金と確定拠出年金の特徴を分析し、両者の配分を考えなければなりません。

確定拠出年金のメリットは、先にも触れたように「資産運用ができること」だといえます。ですが、これは元本割れの危険もともないます。一方、国民年金基金は元本割れの危険はなく、比較的利率は高くなっています。

だからなるべく安全に年金を増やしたいという人は、国民年金基金を多く掛けるといいでしょう。自分自身の資産運用で年金を増やしたいというような人は、確定拠出年金を選ぶのが良いといえるでしょう。

小規模企業共済も有効なアイテム

厳密には年金ではありませんが、年金と似たような性質をもつ「小規模企業共済」というものがあります。

図⑮ 小規模企業共済の概要

●加入対象者

従業員が20人(商業とサービス業では5人)以下の個人事業主と会社の役員。

●掛け金

1000円から7万円までの範囲内(500円単位)で自由に選べます。

加入後、掛け金の増額、減額ができます(減額の場合、一定の要件が必要です)。また業績が悪くて掛け金を納めることができない場合は、「掛け止め」もできます。

●共済金の受け取り

事業をやめたとき、会社の場合は役員をやめたとき、など。

●加入の申込先

金融機関の本支店、商工会連合会、市町村の商工会、商工会議所、中小企業団体中央会など。

小規模企業共済とは、小規模企業(法人や個人事業主)の経営者の退職金や年金の代わりに設けられている共済制度です。

毎月お金を積み立てて、自分が引退するときや事業をやめるときに、通常の預金利子よりも有利な利率で受け取ることができるものです。

自営業者、経営者を対象としたもので、もちろんフリーランサーも加入できます。

この小規模企業共済の掛け金も、「国民年金基金」と同様に掛け金の全額を所得から控除できます。

小規模企業共済で掛けたお金は、その事業をやめたときに受け取ることができるようになっています。退職金のように一括してもらう方法と、年金のように分割してもらう方法があります。

一括してもらう場合は税務上は退職所得として取り扱われ、分割してもらう場合は雑所得の公的年金等として取り扱われます。

事業が思わしくなくなったときや、いざというときには、事業を廃止したことにすればもらえます。事業を廃止しなくても解約できますが、その場合、給付額は若干少なくなります。

また掛け金の7割程度を限度にした貸付制度もあるので、事業でお金が足りないときなどに活用できます。

この小規模事業共済は、月7万円、年間84万円が限度額となっていますが、この限度額は国民年金基金や確定拠出年金とは別枠になっています。だから、国民年金基金や確定拠出年金に満額加入していたとしても、それに加えてこの小規模企業共済に限度額まで入ることができるのです。

40歳くらいから、この小規模企業共済と国民年金基金もしくは確定拠出年金に満額で加入していれば、老後のお金の心配はまずなくなると思われます。ただし、掛け金は毎月13万8000円になります。

第3章

単身者こそ相続対策を怠るな

法定相続人のいない単身者の遺産は国に没収される

筆者の知人で変わった人がいました。仮にAさんとします。名門企業に勤務しながらも生涯独身を貫き通し、住まいも学生時代から住んでいた六畳一間の安アパートに40年以上暮らしていました。趣味はお酒を飲むことくらい（とはいっても女性がいるような高級店ではなく、安い居酒屋や立ち飲みなどです）で、「趣味は貯金」と公言し、銀行の預金通帳を眺めてはにんまりするといった人でした。定年退職するときには、退職金を加え2億5000万円を超える預金がありました。

もちろん、老後の心配などありませんから再雇用にも応じず、悠々自適の老後を送るはずでした。ところが退職直後に急死してしまったのです。お母さんが存命でしたので、遺産の2億5000万円はお母さんが法定相続人ということになりました。ところが2015年の相続税改正後のことだったので基礎控除が4割減らされており、控除額は基礎控除3000万円＋お母さん一人分の600万円で合計3600万円。2億5000万円－3600万円＝2億1400万円分に相続税がかかってきました。

図⑯　相続税の速算表

基礎控除後の課税価格	税率	控除額
1000万円以下	10%	―
1000万円超～3000万円以下	15%	50万円
3000万円超～5000万円以下	20%	200万円
5000万円超～1億円以下	30%	700万円
1億円超～2億円以下	40%	1700万円
2億円超～3億円以下	45%	2700万円
3億円超～6億円以下	50%	4200万円
6億円超	55%	7200万円

図⑯の相続税の速算表に照らし合わせてもらえばわかるように、税率は45％なので９６３０万円。そこから控除額の２７００万円が差し引かれた６９３０万円を納付する羽目になりました。

一方、有名商社マンだったBさんのケースも紹介しましょう。順調に出世して部長にまで昇進、年収は２０００万円を超えていました。株式投資でも大成功して、高級住宅街に1億円を超える豪邸を構え、預金も６０００万円近くありました。さらに退職金の４０００万円も加わり、合わせて2億円です。子どもはいなかったものの、結婚して奥さんもいました。ところが不幸にも定年直後にBさんはがんにかかって死亡してしまいました。

Bさんはひとりっ子で両親もすでに他界していたので法定相続人は奥さんのみでした。冒頭のAさん同様に2億円を超える財産がありましたが、相続税はゼロでした。なぜかというと、1億円の豪邸の評価額は、奥さんが同居しており、なおかつBさん亡き後もそこに住み続けるということで、特例で8割減の２０００万円に下がったからです。それでも現金の1億円を合わせて総財産は1億２０００万円になります。

通常であれば、法定相続人は奥さん一人なのでAさん同様に控除額は３６００万円になり、多額の相続税がかかりそうなものです。しかし、相続人が配偶者の場合はこれもまた特例があって、法定相続税分か1億6000万円までは一切税金がかからないのです。

もっとも不幸なことにBさんが亡くなった1年後、奥さんは交通事故に巻き込まれ、あっけなく世を去りました。奥さんもBさん同様にひとりっ子で両親もすでに他界していました。つまり、法定相続人がいなかったのです。遺言書もなかったため、結果として2億円相当の財産は国庫に没収される羽目になってしまいました。

そう考えると、特に高齢単身者に必要なのは遺言書です。仮に法定相続人がいなかった場合、お世話になった人や、母校、ボランティア団体や住んでいた自治体などを指定して「遺贈」をすれば国庫に没収されることはありません。相続税法が改正されて、これまではすべて自筆で書かなければならなかった「自筆遺言証書」も財産目録はパソコンなどで打ち込むことが認められるようになりましたし、単身者でも自筆遺言証書を法務局で預かってくれる制度が令和2年（2020年）7月10日以降発足し、遺言書が見つからないというリスクがなくなります。

自宅で保管していると、誰かに書き換えられる恐れもあり、また逆に偽造されたものではないかとか疑いをもたれることもあります。それを防ぐために、法務局が本人確認を行ったうえで保管してくれることになったのです。もちろん法的効力は非常に強いものとなります。

また、法定相続人がいる場合でも渡したくない相続人がいる場合などは遺留分（兄弟姉妹は遺留分が認められていません）をギリギリ確保したうえで、あとは本人の自由にすることができます。単身者の場合はぜひとも遺言書を書いておくべきです。

兄弟姉妹がいる場合は要注意

高齢単身者の場合、相続問題もいろいろ面倒なことがあります。

相続には、自分が親などから相続をするケースと、自分の資産を誰かに相続させるケースがありますが、まずは、自分が親などから相続するケースについてお話ししたいと思います。

・相続税問題

親などから資産を相続する場合、

・遺産をどうやって分配するのか

という2つの問題が生じます。

この2つのうち相続税問題のほうは、よほど大きな資産がない限りはどうにかなります（大きな資産家の場合は、この本を読むまでもなく対策をしていると思われます）。相続税を低くする節税法や減額する方法は、後ほど詳しく述べます。

問題は「遺産をどうやって分配するのか」の方です。

高齢単身者の場合、妻はいないとはいえ兄弟姉妹がいる方はそれなりにいるはずです。ひとりっ子ならば、ほとんど問題にはなりません。

しかし、兄弟姉妹がいる場合は、けっこう大きな問題になりえます。

「うちの親は資産なんてほとんどもっていないから大丈夫」

と思っている人も多いでしょう。ですが、遺産が少なくても、もめるときはもめるのです。金持ちケンカせず、というような言葉があるように、多額の遺産があるときより少ないときのほうがもめるケースが多いのが現実です。ある統計では1000万～5000万円程度の金額が一番トラブルになる確率が多いようです。

遺産が少ない場合は、事前に親が分配の手はずなどを整えておらず、ほんのわずかな遺産を巡って兄弟姉妹が泥沼の争いになるようなことも多々あるのです。そして、わずかな遺産のために、そのあと兄弟姉妹が断絶してしまうようなことも少なくありません。実際、500万円という金額を巡って、兄弟姉妹がもめて最後は裁判沙汰にまで発展し、解決したあとも兄弟姉妹間で絶縁してしまったという例があります。

また「高齢単身者」の場合は、ほかの兄弟姉妹からどうしても軽く見られがちになります。

「あなたはひとりだから、お金は必要ないでしょう」

というような態度をとられがちです。

もちろん、あからさまにそういう態度に出られれば腹が立つでしょうし、諍い（いさか）の原因ともなります。なるべくスムーズに遺産の分配をするにはどうすればいいか、これからご紹介していきます。

図⑰　単身者が親から相続するときの法定相続人

	片親が生存している場合（両親は離別していない）	両親とも死亡した場合
法定相続人になる人	片親とあなたとあなたの兄弟姉妹 ※あなたの兄弟姉妹が死亡し、その子どもがいる場合はその子どもが代襲相続人になる	あなたと兄弟姉妹 ※あなたの兄弟姉妹が死亡し、その子どもがいる場合はその子どもが代襲相続人になる
民法上の相続割合	片親が2分の1、残りの2分の1をあなたとあなたの兄弟姉妹で分ける ※あなたの兄弟姉妹が死亡し、その子どもがいる場合は死亡した兄弟姉妹の分配分をその子どもたちで均等に分ける	遺産全部をあなたとあなたの兄弟姉妹で分ける ※あなたの兄弟姉妹が死亡し、その子どもがいる場合は死亡した兄弟姉妹の分配分をその子どもたちで均等に分ける

法定相続人を確認しておこう

相続の問題を考えるさいには、まず「法定相続人」の存在を確認しておきましょう。法定相続人というのは、「遺産をもらうことができる」と法律で定められている人たちのことです。

法定相続人というのは、故人が生前に遺産の分配などを決めていなかったときのために、故人の遺産をもらう権利のある人の範囲をあらかじめ法律で定めているのです。

本来、遺産というのは故人の遺思が尊重され、誰にあげてもいいわけです。全然血縁関係のない他人にあげたり、慈善事業に寄付したりしてもいいわけです。

しかし、そうなってしまえば家族や親族が面白くなかろう、また遺産をもらう人を法的に設定していなければ、急に人が資産を残して死亡したときに遺族に混乱を招くということで、法律では法定相続人というものが定められているのです。

そして、故人の遺言などがあったとしても、遺産のうち半分までを、遺留分として、希望すれば法定相続人同士で分配してもらえるということになっています。

また法定相続人の数が、相続税の控除額の計算要素ともなっています。

現実的にいうと、遺産分配のほとんどはこの「法定相続人」の間で行われます。

法定相続人の範囲は、故人の家族の状況で異なってくるのですが、高齢単身者が相続をするさいの法定相続人は主に次の2パターンになります。

1、故人に子どもがいる。

2、子どもはいないものの親、兄弟姉妹は健在である。

故人というのは、高齢単身者（あなた）の親のことです。

つまり両親がいて子ども（自分を含む）がいて、両親のうちのひとりが亡くなった場合と、すでにひとり親がいない状態で残った親が亡くなった場合です。

「故人に配偶者と子どもがいる」では、「配偶者と子ども」が法定相続人になります。たとえば、お父さんが亡くなった場合は、お母さんとあなたとあなたの兄弟姉妹が法定相続人になるのです。

ただし、あなたに兄弟姉妹がいたのだけれどすでに亡くなっていて、その兄弟姉妹に子どもがいた場合（つまりあなたにとって甥、姪）、その甥、姪が死亡した兄弟姉妹に代わって法定相続人になります（代襲相続）。これはあくまで兄弟姉妹が死亡したときのみであり、兄弟姉妹が生きていれば甥や姪は法定相続人にはなりません。

そして法定相続割合は、配偶者（あなたの父か母）が2分の1となり、子ども（あなたと兄弟姉妹）は残りの2分の1を子どもの数で均等に分けることになります。そして、兄弟姉妹が死亡してその子どもが代襲相続をする場合は、死亡した兄弟姉妹分の相続分をさらにその子どもたちが均等に分けることになります。

「故人の配偶者はすでに亡くなっていて子どもだけがいる場合」は、子ども（あなたとあなたの兄弟姉妹）だけが法定相続人になります。故人の親や兄弟姉妹は法定相続人になれません。法定相続割合は、遺産の全部を子どもの数で均等に分けることになります。

またこの場合も、あなたの兄弟姉妹のなかに亡くなっている方がいて、その兄弟姉妹に子どもがいた場合（つまりあなたにとって甥、姪）、その甥、姪が死亡した兄弟姉妹に代わって法定相続人になります。そして、兄弟姉妹が死亡してその子どもが代襲相続をする場合は、死亡した兄弟姉妹分の相続分をさらにその子どもたちが均等に分けることになります。

無知につけ込んだ遺産分割協議書とインチキ扶養控除で裁判沙汰

右記の法定相続人の説明はちょっと難しい感じがしますが、要は一番注意しなくてはならないのは、兄弟姉妹との関係です。

相続で一番もめるのは、兄弟姉妹同士だからです。

筆者は、かつて税務署に勤務していましたが、税務署には市民から密告情報が寄せられることがあります。その密告情報でもっとも多いのが、親族（兄弟姉妹）からの相続についての密告です。

親の相続財産を、兄弟姉妹のうちの誰かが隠しているのではないかと疑い、税務署に密告をすることで調べてもらおうというわけです。そういう密告のほとんどが大した証拠もなく金額も大したことがないことから、税務署としてはスルーすることが多いのですが、「親族からの密告が一番多い」という事実は税務署員だった筆者にとって非常にショッキングなものでした。

実際、筆者の親も相続のときに兄弟姉妹ともめて、それ以来、弟（筆者の叔父）とは没交渉になってしまいました。

親の遺産に対して、子どもたちは誰でももらえる権利があります。

もし親が遺言書で、子どものうちのひとりに全部の遺産を譲ると記していても、ほかの兄弟姉妹たちがそれに納得しなければ、遺産の半分は法定分配率によって分配されるのです。

現在の日本の民法では、相続において遺留分というものが定められています。

遺言書で遺産の譲渡先が明確に記されていても、法定相続人が納得しなければ、法定相続分の半分は故人の遺思によらずに遺留分として残され、法定分配率によって分配されることになっています。

兄弟姉妹の相続はとかくもめがちです。

ある知り合いに年老いた2人兄弟がいました。長男だけが健在で次男はすでに亡くなっていました。父親もすでに亡く、90歳を超えた母親は次男の長女である若い孫が同居して面倒を見ていました。

数年後、おばあちゃんは老衰で亡くなりました。おばあちゃんはおじいちゃんから受け取った遺産を使わず、3000万円もの遺産をもっていました。ところが孫も代襲相続人として半分の1500万円を相続する権利があったのにもかかわらず、彼女は相続問題は難しいからと長男（伯父）に一任してしまいました。すると喪主である長男は白紙の「遺産分割協議書」に姪のサインと実印を押させて、あとから自分に都合のいい内容を書き加え、3000万円を手に入れてしまいました。

さらに驚いたことに、実際には自分の母親の面倒は姪が見ていたのにもかかわらず、長男は母親を自分の扶養家族にしていたのです。70歳以上の老人扶養親族の場合、48万円が所得控除（同居の場合58万円）されるから、その分課税所得が少なくなるのです。本来なら孫が58万円の所得控除を受ける権利があったのですが、それを知らないのをいいことに、長男が自分の扶養家族に入れてしまっていたのです。あとで事実に気づいた姪は怒って伯父相手に裁判を起こしました。もちろん、親戚付き合いは一切絶ちました。

遺言書は必ず残してもらう

兄弟姉妹の諍いを防ぐ第一の方法として、「親に遺言書を作成してもらっておく」ということがあります。

子どものほうから、親に遺言書を書いてくれるように頼むことは、死ぬことを待っているようで気が引けるという人もいるでしょう。しかし、昨今は「遺言書を残しておいたほうがいい」ということは、世間に認識されつつあることでもあり、どうにかして書いてもらっておくべきでしょう。

遺言者があっても先ほど述べましたように、「遺留分」というのがありますので、相続分配がすべて解決するわけではありません。しかし、遺言書があれば、相続分配において方向性を打ち出すことができます。遺言書がなければ法定相続人たちがバラバラな主張をして、ぐちゃぐちゃになってしまうことが多いのですが、それをかなりの部分防げます。

遺言書には、自分自身で書く「自筆証書遺言」や公証人に筆記してもらう「公正証書遺言」などがあります。それぞれに決められた形式、手続きがあります。定められたルールどおりにつくられた「自筆証書遺言」や「公正証書遺言」は、法的に効力をもちますが、偽物であることがわかったときや、状況的に本人の意思に反しているというようなことが認められた場合は、無効になることもあります。逆に決められた手続きを経ていない遺言書であっても、客観的に本人の意思を正しく反映しているということがわかれば遺言書としての効力を発揮することもできます。

特に「公正証書遺言」は、検察官ＯＢなど法曹のプロが公証人役場で作成してくれるので、裁判所の検認もなく、すんなり認められる可能性が高いので、できればこれを用意しておいたほうがいいでしょう。

「自筆証書遺言」は、自筆で書けばいいだけなので比較的簡単につくれます。平成30年（2018年）の法改正により、前述したようにこれまでは遺言の全部を自筆しなくてはならなかったのが、財産目録などはパソコンなどで書いてもいいことになりました。ただ、家庭裁判所の検認前に封を開けてしまったりすると無効となってしまいます。

遺言書の書き方などについては、紙面の都合上割愛させていただきますが、ネットなどですぐに調べることができます。

「寄与分」と「特別受益」にご用心

親が遺言書を準備してくれても、それだけでは不完全です。

何度も触れましたが、法定相続人が遺言書に納得しない場合は、遺産の半分は法定の分配率で分配されることになり、それは親族間の確執の大きな要因となります。

法定相続分は、子どもの数で均等に分けるようになっています。

しかし、現実には遠く離れたところに住んでいて親とほとんど連絡を取っていない子どももいれば、事業を支えたり老後の介護をしたりする子どももおり、それらが均一に同額というのが納得がいかないという理由からもめることがあります。

このように被相続人の「財産の維持や増加に貢献した相続人」は、寄与分として相続財産の増額を主張することができます。

「私は介護をしたから、相続分を増やしてほしい」と寄与分を主張しても、相続人全員の同意（遺産分割協議といいます）で決めないといけません。

しかも、寄与分を認めるということは、ほかの相続人の受け取り分が減るということですから、その人の貢献が全員納得できるものでない限りは、トラブルに発展する可能性が高くなります。その場合は寄与分を主張する人が家庭裁判所に申し立てをして、解決を図ることになります。

こういうケースがあるため、遺言状が必要不可欠なのです。

世話になった人に生前贈与しておくという方法もあります。ただ、現実には介護が必要な状態になったり、認知症を発症したりして、自分の意思をはっきり表示できないケースも考えられます。早めに専門家に相談しておくべきでしょう。

また生前に相続人に財産を分けると、特別受益という問題も発生します。遺産の前渡しとみなしてその分は相続財産にプラスして財産を分割します。たとえば、兄弟姉妹のうち長男が結婚して子どもが生まれたときなどに、生前贈与として家を建てる資金を親が出してやった場合などが特別受益に該当します。このようなケースで親が死亡すると、全相続財産に生前贈与した分を足して、そのあと、住宅資金の額を差し引くのです。公式にすると次のようになります。

〈相続財産＋特別受益額〉×法定相続分－特別受益額＝相続分

話をわかりやすくするために、たとえば、お父さんが亡くなったときに基礎控除等を除いた相続財産が1億円あったとします。相続人は兄と弟の2人とします。生前、お父さんはお兄さんに家の購入資金として4000万円生前贈与していたと仮定します。通常ですと、法定相続人は2人ですから1億円の2分の1、つまり5000万円ずつが相続財産ということになるのですが、このケースのように家の購入資金を4000万円渡していたとなると、公式に当てはめると、

〈1億円（相続財産）＋4000万円（特別受益額）〉×2分の1（一人あたり法定相続分＝7000万円）－4000万円（特別受益額）＝3000万円。

つまり、特別受益を受けていたお兄さんの相続分は3000万円、特別受益を受けていなかった弟さんは7000万円が相続財産ということになるのです。

特別受益には海外留学にかかった費用や、子どもが事業を営んでいたときに資金援助していた場合など多岐にわたりますので、やはり専門家に相談しておくことをお勧めします。

「親が孫を可愛がる」のは大目に見よう

高齢単身者の相続において、起きやすい問題があります。

それは親が孫（あなたの甥や姪）に多くを与えようとすることです。兄弟姉妹のなかに子どもを生んでいるものがいれば（つまり親から見れば孫）、親は孫を優遇します。そして子どものいない高齢単身者は、あまり優遇されません。

また昨今では、「祖父母から孫への教育資金を支援した場合は、贈与税や相続税を免除される」という制度もあります。これは1500万円を限度に、祖父母から孫へ学校の授業料や習い事の資金を贈与した場合、税金（相続税、贈与税）がかからないのです。

この制度を使って、教育資金を援助するというような方も増えています。

子どものいない高齢単身者としては、ちょっと癪に障る話であり「平等に分けてくれよ」と思いたくなるかもしれません。

しかし、これはなるべく大目に見ておきましょう。

親にとって孫が可愛いというのは自然な感情であり仕方がないことです。それについてあまりうるさく言うと、親との関係、兄弟姉妹との関係も悪くなってしまいます。

また甥や姪は、高齢単身者にとっても、自分の死後の後始末をしてくれる可能性がある人です。関係を良好にしておいたほうが賢明です。

相続対策は事前に行っておかなければならない

次に「相続税」の問題についてお話ししたいと思います。

相続においては「分配」も大きな問題ですが、「相続税」も大きな問題です。

そして、相続税というのは決して大金持ちだけの問題ではありません。

以前は、最低6000万円以上（基礎控除5000万円＋法定相続人一人あたり1000万円）の相続資産がないと相続税はかかりませんでした。現在の定義では1億円以上の金融資産をもっている者を富裕層、5000万円以上をもっている者を準富裕層としています。つまり、お金持ちでないと相続税はかかってきませんでした。

しかし、2015年の税制改正により、相続税は最低3600万円以上（基礎控除3000万円＋法定相続人一人あたり600万円）の相続資産があればかかる可能性がでてきました。

しかも、この3600万円というのは不動産なども含まれるのです。都市部にちょっとした家やマンションをもっていれば、すぐに相続税の課税対象になってしまうのです。

だから、一般の人たちでも、相続税のことは検討しておくべきです。

特に高齢単身者の場合、自分ひとりで相続問題を片付けなくてはならないケースも多いので、なるべく早いうちに対策を立てておいた方がいいでしょう。

相続税対策といっても、遺産が数千万円から1億円くらいのケースと、資産が数億円、数十億円のケースとでは、その対策方法がかなり違ってきます。資産が数億円以上のいわゆるお金持ちの人たちは、本書を読むまでもなく相続税対策をしていると思われますので、本書で対象とするのは、相続税がかかるかかからないかの数千万円から1億円未満くらいの遺産が生じるケースとします。

相続税というのは、ちょっとした小金持ちにもかかってくる税金ですが、それほど恐ろしいものではありません。相続税にはさまざまな控除制度が設けられており、それをしっかり使えば、ちょっとした小金持ち程度の資産では免税とすることができます。

ただし相続税を免税とするためには、なるべく早くとりかかったほうがいいです。節税策というのは、基本的に「事前に行っていなければならない」のです。相続が発生してから節税をしようと思ってもそうできるものではないからです。

親の資産に相続税がかかるかどうか確認しておこう

相続税対策を施すには、まず自分の親の資産に相続税がかかるかどうかを確認しておかなければなりません。

相続税の対象となるのは、基本的に故人が残した「金銭的価値のある資産」はすべてです。預貯金、有価証券、金融商品、不動産だけではなく、絵画や骨とう品やアクセサリーなど金目のものはすべて対象になります。

そして、その資産はすべて、故人が死亡したときの「時価」が相続税の対象額となることになっています。

だから、相続資産の総額というのは、親が亡くなった時点でないとわからないことになります。しかし、事前に調べるのはそこまで正確ではなくて概略でいいのです。

現金、預貯金、金融資産、家や土地の時価などがどのくらいあるのか、概算でいいので出してみましょう。

そして、その資産が相続税の「基礎控除額」を超えていれば、相続税がかかってくる可能性があります。

相続税の基礎控除額は、次のような算式で出されます。


3000万円＋（600万円×法定相続人の人数）

算式の最初の3000万円というのは相続1件あたりの基礎控除の額です。これに法定相続人一人あたり600万円の控除があるというわけです。法定相続人というのは、前述したように、法的に相続する権利をもっている人のことです。

だから、もしあなたがひとりっ子で、両親のうち父親が亡くなった場合は、法定相続人はあなたの母親とあなた自身の2人ということになります。ということは、次のような計算になります。

3000万円＋（600万円×2）＝4200万円

つまり、あなたの父親の資産が4200万円以上あれば、相続税がかかってくる可能性があるのです。

相続資産のメインが家の場合には減税制度がたくさんある

相続資産が基礎控除以上ある場合の相続税対策について、これからご紹介していきたいと思います。

まずは、相続資産に「家」がある場合です。

庶民の相続税問題のほとんどは、この「家」が大きくかかわっています。現金預貯金などだけでは基礎控除には遠く及ばなくても、「家」があるために基礎控除を超えてしまうというケースが多いのです。

ですが、この「家」に関しては相続税ではさまざまな特例措置が設けられています。

バブル期には土地の値上がりが急激だったために、猫の額ほどの土地に家を建てているような人でさえ高額な相続税がかかり、まだ遺族が住んでいるにもかかわらず家を手放さなくてはならないケースが相次ぎました。税務当局もその点は反省し、こと「持ち家」に関しては大きな減税制度をつくっているのです。

また持ち家だけではなく、事業用の不動産などにも減税制度が多々あります。これらをうまく使えば相続税は限りなくゼロに近く抑えることができます。

まず覚えておいていただきたいのが、故人が家族と一緒に居住していた家をその同居していた家族が相続する場合には、大きな減税制度があるということです。

104ページでも紹介しましたが、これは「小規模宅地等の特例」と呼ばれるもので、故人と家族が同居していた家は、土地の広さが330㎡（100坪）以下の場合は土地の評価額が80％も減額されます。つくってすぐの家ならば別ですが、建ててからおおよそ20年以上経った家の場合は、建物自体の価値はゼロと見なされることがほとんどです。つまり、家の価値の大半が「土地代」ということになるわけです。だから土地の評価額の80％

を減らせるということは、おおかたの場合で家の評価額を数分の1に抑え込むことができるのです（マンションもこの特例は適用されます）。

だから評価額4000万〜5000万円の家（土地）をもっていて、相続税がギリギリかかってくるというようなケースでは、この「小規模宅地等の特例」を適用すれば、資産を免税点以下にすることができるのです。

2世帯住宅でも8割減税が適用される

前項で紹介した「小規模宅地等の特例」は、「同居していた家族が相続した場合」という条件がありますので、これがネックになるケースも多いと思われます。「親と同居していない人」は、特例が受けられないとあきらめてしまうことも多いと思われます。

ですが、この「同居」という条件にも、いくつか特例が設けられて条件が緩くされています。まず、この「小規模宅地の特例」は、完全に同居しておく必要はなく2世帯住宅でもいいのです。その2世帯住宅は、玄関などが別々で両家の間が行き来できない完全分離型でもOKとなっています。

高齢単身者の場合は、2世帯住宅ではなく親と同居でもいいという人も多いようです。しかし、いったん、親元から離れた人は、高齢単身者であっても親と同居するのはシンドイという人も多いでしょう。そういう方で、親がけっこう大きな金をもっている場合は、完全分離型の2世帯住宅を買ってもらい、そこで「同居する」というのも手です。

また、この「小規模宅地の特例」は、親が病気などで最後は老人ホームで亡くなり、最終的には同居していなかった場合にも適用されます。「要介護認定」や「要支援認定」を受けていた親が、養護老人ホーム、特別養護老人ホーム、有料老人ホーム、介護老人保健施設、サービス付き高齢者向け住宅などに入り、そこで亡くなった場合は、「小規模宅地の特例」が受けられるのです。

同居していなくても8割減税が受けられる「家なき子特例」

土地の評価額が8割減となる「小規模宅地の特例」には、さらなる特例があります。

同居もせず、2世帯住宅に住んでいるわけでもなくても受けられるケースがあるのです。

それは、「家なき子特例」と呼ばれるもので、相続人（あなたのこと）が自分の家を所有していない場合、親の家を相続すれば「小規模宅地の特例」が受けられるのです。

この「家なき子特例」には次のような条件があります。

・被相続人に同居している相続人がいないこと
・相続人が自分の家をもっていないこと

つまり、簡単にいえば、あなたに持ち家がなく賃貸住宅に住んでいて親の家をほかに引き継ぐ者がいない場合、「家なき子特例」を受けられるということです。

典型的なケースでは親がひとり暮らしで、あなたは別のところで賃貸住宅に住んでいる、というようなことです。

持ち家のない子どもが親の家を継いだ時に受けられる特例なので、「家なき子特例」といわれているのです。

この「家なき子制度」は、以前には家をもっていても相続時には売却してしまっている人や、持ち家を賃貸に出して3年以上経過した人も対象になります。

家なき子制度を受けるための主な条件は、次の2点です。

・故人と同居していた法定相続人がいない
・法定相続人は3年以上、賃貸住宅に住んでいる

ただし次の場合は、この家なき子制度を受けることはできません。

・相続開始前3年以内に3親等の親族等が所有する家屋に居住したことがある者
・相続開始時において居住の用に供していた家屋を過去に所有していたことがある者

これは、本来、家なき子特例に該当しない人が、相続直前になって「住んでいた持ち家を親族に売ったという形にする」などの不正を防ぐためにつくられた条件です。

だから、普通に家をもっていない人が親の家を引き継ぐ場合は、大丈夫ということです。

図⑱　贈与税の速算表

基礎控除後の課税価格	税率	控除額
200万円以下	10%	—
200万円超〜 400万円以下	15%	10万円
400万円超〜 600万円以下	20%	30万円
600万円超〜 1000万円以下	30%	90万円
1000万円超〜 1500万円以下	40%	190万円
1500万円超〜 3000万円以下	45%	265万円
3000万円超〜 4500万円以下	50%	415万円
4500万円超	55%	640万円

（20歳以上の子・孫が受贈した場合）

「贈与税の控除額」を使いこなそう

次に、家ではなく現金や預貯金、金融資産などで、相続税の基礎控除を超える資産を親がもっていた場合の相続税対策をご紹介しましょう。

相続税の基礎控除最低額の3600万円というのは、大金ではありますが、高齢者の預貯金としてはそうあり得ない額ではありません。

現金、預貯金などの相続税対策のもっともオーソドックスな方法は、「贈与税の控除額」を使うことです。これは、どういうことかというと、贈与税がかからない範囲で、毎年、現金などを親からもらうという方法です。

相続税を減らすには、あらかじめ資産を相続人や遺贈したい人に移しておくことが第一です。しかし、それを簡単に許してしまうと、相続税は取れなくなってしまいます。そのため、日本には贈与税という税金があります。

贈与税は、「年間110万円を超える贈与があればかかってくる」税金です。親子や親族といえども、年間110万円を超えて金銭や経済価値のあるものを贈与されれば、贈与税がかかってくるのです。

逆にいえば、年間110万円までは税金はかかってきません。

これをきちんと使えば、10年で1100万円もの資産を無税で贈与することができます。相続税の基礎控除を超えるか超えないか程度の資産を持っている人は、数年もあれば基礎控除以下にすることができるのです。気をつけなければいけないのは、税務署から暦年贈与と疑われる可能性があるので、贈与する場合は、銀行振込にするなどしておいた方がいいでしょう。

よく税理士などのなかには、このケースだと1100万円に贈与税が掛けられてしまう可能性があるので、時期をずらしたり、金額を変えたり、たまには112万円を贈与して1万円だけ贈与税を税務署に払っておくような細やかなテクニックが必要と指南することも多いですが、元国税調査官の立場からいえば、税務署はそこまで強く出ることはできません。

また、この贈与税の基礎控除は「あげる側」ではあく「もらう側」に適用されるものです。だから、あげる側には何人にあげても、控除額以内であれば贈与税はかかりません。

もしあなたに兄弟姉妹がいる場合は、親が毎年、兄弟姉妹全員（親から見れば子ども全員）に110万円ずつあげれば、10年もあれば数千万円の資産を移すことができるのです。1億円程度の資産ならば少し頑張れば相続税の免税点まで引き下げることができるはずです。

だから親が相続税がかかるような金融資産をもっているような場合は、親と話し合って少しずつ資産を移してもらうようにしましょう。

この年間110万円の贈与については、申告の必要はありません。ですが、必ず「贈与している事実」が必要です。必ず実際の「贈与」を行ってください。「贈与をしたつもり」で、通帳や印かんはまだ親がもっていたりすれば、「名義預金」と見なされ贈与したとは認められません。

生命保険は有効な節税アイテム

そのほかに相続税対策として、効果的なのは生命保険です。

相続税においては、生命保険控除というものがあります。これは、生命保険金に関しては、法定相続人1人当たり500万円の控除があるのです。

この生命保険金非課税枠をうまく使えば、親が小金持ち程度の場合は、相続税の免税点以下に資産を抑えることができます。たとえば、親に終身保険に入ってもらい、配偶者や子どもを受取名義にしてそれぞれ別個に加入してもらうのです。

終身保険というのは、何歳で死んでも死亡したときには保険金が受け取れるという生命保険です。事実上の貯金のようなものです。

これに加入していれば、法定相続人数×500万円を、無税で贈与することができます。もし法定相続人が4人いれば、500万円×4人で2000万円が非課税となります。これだけで、相続税対象資産を2000万円も減額することができるのです。

相続資産が5000万円前後ならば、これだけでほぼ相続税は免税になります。

また生命保険金の場合は、「争族（親族間での相続トラブル）」になりにくいという利点もあります。受取人が明確にされていれば、その保険金は受取人が受け取るのが妥当ということになります。これに異議を唱える人はあまりいないでしょう（保険自体があまりに高額など不審なものでない限り）。そして法定相続人に平等に生命保険金を残しておけば、さらに争族は起きにくくなると思われます。

高齢単身者こそ自分の遺産の配慮が必要

次に、高齢単身者の「自分の遺産」に関する相続の対処法をご紹介したいと思います。

高齢単身者の場合、「家族もないし、自分の遺産なんてどうでもいい」と思っている方も多いかもしれません。

ですが、高齢単身者は、ほかの人よりも遺産における問題が根深いものがあります。

というのも、まずいくら家族がいないからといって、資産が残れば誰かが引き継ぐか処分しなければなりません。それをしないと「所有者不明の資産」が、いつまでも放置されることになります。

昨今、社会問題になりつつある「空き家問題」も、この「所有者不明資産」が大きく関係しているのです。もし、高齢単身者が自分の遺産に関して何の配慮もしなければ、近い将来、日本は「所有者不明資産」だらけになってしまいます。

それと、高齢単身者の場合、家族がいなくても法定相続人はいるケースがけっこうあります。

あなたの親も兄弟姉妹もすでに亡くなっている場合でも、もし兄弟姉妹に子どもがいれば、つまりあなたにとっての甥か姪がいれば、その甥や姪が代襲相続として法定相続人ということになります。甥、姪にきちんとそのことを伝え、遺産の分配なども指示しておかないと、甥や姪は、急に遺産が転がり込んできて動揺することになります。

またプラスの財産ばかりとは限りません。もし、多額の借金を抱えて亡くなった場合、3か月以内に相続放棄の手続きを取らなくては単純承認したことになり、自動的に負の相続も納得したことになってしまいます。悪徳業者などは、そのあたりを心得ているので、亡くなって3か月が経ったあとに姿をあらわすという案件が増えています。気がつかないうちに借金を抱えてしまうということもありうるわけです。

そのため、「限定承認」という制度があります。これはプラス財産の範囲内において、マイナスの財産を引き継ぐという条件付きで承認する方法です。つまり、相続で得た資産の範囲内で借金を返済するということなので、財産よりも負債のほうが多かった場合、相続人自身の財産から残った借金を支払う義務はありません。

ただし、相続人全員がそろって限定承認をおこなう必要があり、裁判所の届け出も相続人全員でおこなわなければなりません。

　また遺産にほとんど価値がなく「争族」の心配もなかったとしても、前述のようにあらかじめ甥か姪に遺産の存在を知らせておかないと、その遺産は誰も手がつけられないまま放置されてしまうことになります。法定相続人がいる場合、第三者が遺産を勝手に扱うことはできないので、役所なども法定相続人が現れるまで放置するしかないのです。

　もし法定相続人がいない場合でも、遺産の処分方法を自分で決めておかなければ、これまた「いつまでも放置されてしまう」ことになりかねません。マンションの一室が所有者不明のまま、長年、放置されてしまうようなことになると、同じマンションの住人は気味が悪くて仕方ありません。

　いろいろな面から考えても、「遺産を引き継ぎ管理してくれる家族がいない」高齢単身者こそ遺産の処分方法を自分できちんと決めておかなければならないのです。

「自分の死んだあとのことなんか知るか」

　と思っている人もいるかもしれませんが、それはこの社会の一員として無責任というものですし、何より「カッコ悪い」ことです。死んだあとに、世間から非難されるのは嫌でしょうし、ここはできる限りの対処をしておくべきでしょう。

親の「空き家」を放置すると固定資産税が6倍に跳ね上がる

親が家をもっているけれど、そこには住めない、というケースも多いようです。昨今の「空き家問題」でも、かつて親が住んでいたけれど、親が死亡したために空き家になってしまったという家がかなりあるようです。

親の残してくれた家といえども、いろいろな条件によりもう自分は住むことができず、しかも家の資産価値もほとんどない、売りに出しても売れそうにない、というケースもかなりあります。

不要な家、売れない家であっても、固定資産税、都市計画税がかかってきますので、経費だけはかかることになります。またずっと空き家にしておくと、変な人が住み着いたり犯罪の現場になったりもしかねません。

さらに、平成27年（2015年）から実施された空き家対策特別措置法により、一定の条件に当てはまる空き家には、固定資産税が従来の6倍になることになりました。

これはどういうことかというと、現在の固定資産税は住宅用地には軽減措置が取られています。２００㎡までは本来の固定資産税の６分の１でよく、２００㎡を超える部分は３分の１でいいということになっているのです。

しかし、一定の条件に該当する空き家には、この軽減措置が受けられなくなるのです。一定の条件というのは、以下の４つのうちいずれかに該当するものです。

・倒壊等著しく保安上危険となるおそれのある状態
・著しく衛生上有害となるおそれのある状態
・適切な管理が行われていないことにより著しく景観を損なっている状態
・そのほか周辺の生活環境の保全を図るために放置することが不適切である状態

この４つの条件については、空き家のある土地の自治体が判断をします。

だから自治体がこの空き家は、上の４つのうちのいずれかに該当するという判断を下した場合は、固定資産税が３倍から６倍に跳ね上がってしまうのです。

固定資産税を上げられないためには、家の管理や手入れをしっかりやらなくてはならないのです。ですが、そもそも空き家になっているというのは、利用価値がないということなので、管理や手入れをするのは非常に大変です。

借り手もなく、使用してもいない空き家のために、毎年、高い固定資産税を払うのはバカバカしいことです。

だから、空き家を引き継ぐ前にどうにか対処をしたいものです。

親の空き家を「相続放棄」する方法

親の空き家対策で考えられるのが、相続放棄することです。

親が亡くなったときに、「この家は住めないし売りに出しても売れないだろう」と判断した場合には、相続放棄の手続きを取ることで家の所有を回避することができます。家のほかにも多額の借金があったときなどは、この方法がベストのはずです。

相続放棄の手続きは次のような手順となります。

親が最終的に住んでいた場所を管轄する家庭裁判所に「相続放棄申述書」というものを

出します。

「相続放棄申述書」の提出のさいには、

・亡くなった親の住民票（除籍）
・亡くなった親の戸籍謄本
・あなたの戸籍謄本

などを添付します。

手続き的には以上です。

もし不明な点があれば、家庭裁判所の窓口で聞けば教えてくれます。またネットなどでも、手続きのやり方は紹介されています。

この相続放棄の期限は原則として「相続を知った日」から3か月以内です。つまり、親の死を知ってから3か月以内にこの手続きを取らなければなりません。

ただし、この相続放棄には大きな問題点があります。

それは、相続放棄する場合は、すべての遺産を放棄しなければならないということです。不要な家だけを放棄することはできず、金融資産やほかの不動産などもすべて放棄しなければならないのです。

だから、家は不要だけれど、ほかの遺産は欲しいというような場合は、この方法は使えません。遺産全部を検討し、「すべて放棄してもいい」ということになった場合にしか使えません。

「空き家売却の特例」を賢く利用する

国土交通省の空き家実態調査によると、実家を相続した場合、約3分の2の方はそのまま空き家にしています。これはもっともやってはいけない例です。というのも先に述べたように空き家になった場合、固定資産税が6倍になるのですから、それが10年続いた場合、現在の固定資産税の60倍のお金が必要となるからです。

年間の固定資産税が15万円だった場合は、固定資産税だけで900万円もかかってしまうというわけです。このほかに都市計画税といった税金や、清掃・庭の手入れなどの維持管理費がかかります。同調査によれば、年間の維持管理に関する費用は５万円から50万円以上までとさまざまですが、これらは保有する限り、毎年のコストとして空き家の相続人にのしかかってきます。

ほかに借金はなく、財産は家くらいという相続人も多いでしょう。相続放棄してしまうというのも釈然としない。そういうときはどうすればいいのでしょうか。

ずばり、売却してしまえばいいのです。

不動産を売却する場合には、譲渡所得に対して税金がかかります。

譲渡所得＝売却価格－（取得費＋譲渡費用）

この所得に税金がかかるわけですが、５年以下と、５年以上で税率が変わります。５年以下の場合は39・63％、５年以上の場合は20・３１５％と大きな差がありますが、親の実家を相続する場合は被相続人の取得日を引き継ぐことになるので、ほとんどの場合が長期譲渡となり、20・３１５％となることが多いでしょう。家を売るということは、特に一戸建ての場合は建物の価値は20年以上経っていれば、ほとんど評価額はゼロですが、土地はそうでもありません。特に一等地に建っているような場合はかなりの金額になるはずです。売却が成功しても20％超の税金がかかるのは痛いな、と思う方もいらっしゃるでしょう。しかし、ここで「空き家の譲渡所得の特例」というものが使える場合があるのです。

これは一定の条件を満たせば、譲渡所得から３０００万円控除ができるというものなのです（条件は厳しいですが）。

条件1、昭和56年（１９８1年）５月31日以前に建築された家であること。
条件2、区分所有権登記がされている建物ではないこと。
条件3、相続の開始直前で被相続人以外に居住をしていた人がいないこと。

この３つが条件となります。そして、制度を受けるための条件というものもあります。

条件1、相続のあったときから3年以内に譲渡すること。

条件2、令和5年（2023年）12月31日までに譲渡すること。
条件3、売却代金が1億円以下であること。
条件4、リフォームするなら一定の耐震基準を満たしたものにするか、更地にすること。

これらの条件をすべてクリアできれば3000万円の控除が受けられます。気をつけなければならないのは「取得費」の算出です。取得費は多いほうが、譲渡所得は小さくなりますが、相続ですからかなりの年月が経っているはずです。契約書や売買時の資料などが見つからないことも考えられます。そうした取得費がわからない場合、売却価格の5%を「概算取得費」として計算することになっています。そのため、親の生前中から、契約書など家を購入した代金を証明できるような書類を探してもらっておきたいところです。公式は次のようになります。

譲渡所得＝売却価格－（取得費＋譲渡費用）－3000万円控除の特例

たとえば、親が亡くなり相続した空き家（土地）を5000万円で売却できたとしましょう。買値がわからないので概算取得費は5％で250万円、仲介手数料などの譲渡費用が150万円かかったとします。公式にあてはめると、5000万円−（250万円＋150万円）＝4400万円。そこから特例が適用されたとすると4400万円−3000万円＝1400万円が譲渡所得となり、ここに20・315％の税率をかけた301万円の税金を支払います（残念ながら空き家売却の場合、10年超所有したマイホームを売却した際の軽減税率14・21％の適用はありません）。

もし、3000万円の売買契約書があり譲渡費用が同じだとしたら、同じ公式にあてはめると、5000万円−（3000万円＋150万円）＝1850万円。そこから特例の3000万円を引くと1850万円−3000万円＝−1150万円とマイナスになりますから、当然のごとく税金はかかりません。売買契約書など買値がわかる書類があるとないとでは、このケースでいえば300万円超も違ってくるのです。

何も考えずに空き家を相続してしまった場合は「寄付」を考えよう

前項では売却した際の例をご紹介しましたが、買い手がつかないケースもあります。相続放棄のタイミングも逃し、すでに相続してしまったという方もおられるでしょう。

その際の対処法をご紹介したいと思います。

賃貸物件として、借りてくれる人がいれば申し分ないわけですが、耐震基準を満たしていないような古家などはなかなか借り手がつかないのが現実です。

その場合、まずは自治体や公益法人などに寄付する、という方法があります。

やり方は簡単で、市区町村やめぼしい公益法人などの窓口にいって、「この土地（家）を寄付したい」と申し出ればいいだけです。

ただし市区町村の場合は、すぐに受け取るかというとそうでもありません。市区町村の場合は、寄付を受け取るとその土地の固定資産税がとれなくなり、税収減となってしまいます。また何よりも土地の管理費用がかかります。

つまり、それなりの利用価値がない場合は、受け取ってくれない可能性があるのです。

これらが不発の場合は町内会に寄贈するという手もあります。町内会であれば、町民の集合施設として使ってくれるかもしれません。また町内の人は、空き家が放置されることは何よりも不安材料でもありますので、町内会に相談すればなにか対処法を考えてくれるかもしれません。

また空き家に隣接する住民などに贈与するという方法もあります。

贈与をした場合、資産価値が110万円を超えれば受け取った方には贈与税がかかります。不動産の資産価値は、市場価値で判断されます。対処に困っている空き家の場合は、資産価値はゼロに等しいので本来は110万円を超えるはずはないのですが、固定資産税の評価額では110万円を超えているかもしれません。

その場合は、近隣の不動産屋さんなどに市場価値を査定してもらい、その価格を基準として110万円以上であれば贈与税の申告をしなければなりません。

いずれにしろ、売れない空き家を相続してしまうとかなり大変なことになります。できれば親が生きているうちに、家の価値や家以外の資産がどのくらいあるかなどの話し合いをしたほうがいいでしょう。

図⑲　単身者の法定相続人範囲

	法定相続人になる人	法定分配割合
配偶者と死別か離別し子どもがいる場合	子ども	子どもの人数で均等に分配
配偶者と死別か離別し子どもがいない場合 →両親が生きている（どちらか一人でも）	両親	両親で均等に分配。片親の場合は、片親が全部もらう
配偶者と死別か離別し子どもがいない場合 →両親死去で兄弟姉妹がいる	兄弟姉妹	兄弟姉妹の数で均等に分配
配偶者と死別か離別し子どもがいない場合 →両親も兄弟姉妹も死去。兄弟姉妹に子ども（甥、姪）がいる	甥、姪	甥、姪の数で均等に分配
配偶者と死別か離別し子どもがいない場合 →両親死去。兄弟姉妹には生存者と死去者がおり、死去者には子ども（甥、姪）がいる	兄弟姉妹、甥、姪	まず死去した兄弟姉妹も含めた兄弟姉妹の数で均等に分配し、死去した兄弟姉妹の分をその子ども（甥、姪）で均等に分配する たとえば、故人に兄一人、姉一人いて、姉はすでに死亡し姉の子どもが二人（甥と姪）がいる場合は、兄が2分の1。 甥と姪が4分の1ずつ（姉の2分の1の分を甥と姪で均等に分ける）
未婚独身の場合 →両親が生きている（どちらか一人でも）	両親	両親で均等に分配。片親の場合は、片親が全部もらう
未婚独身の場合 →両親死去で兄弟姉妹がいる	兄弟姉妹	兄弟姉妹の数で均等に分配
未婚独身の場合 →両親も兄弟姉妹も死去。兄弟姉妹に子ども（甥、姪）がいる	甥、姪	甥、姪の数で均等に分配
未婚独身の場合 →両親死去。兄弟姉妹には生存者と死去者がおり、死去者には子ども（甥、姪）がいる	兄弟姉妹、甥、姪	まず死去した兄弟姉妹も含めた兄弟姉妹の数で均等に分配し、死去した兄弟姉妹の分をその子ども（甥、姪）で均等に分配する

高齢単身者の法定相続人は複雑

高齢単身者の遺産問題を論じるさいには、法定相続人の存在が非常に重要になってきます。

法定相続人がいるのといないのとでは、遺産の対処法が全然違ってくるからです。

だから、まずは高齢単身者の場合、どういう人が法定相続人になるのかをご説明しておきたいと思います。

前述しましたように、法定相続人というのは法的に遺産をもらえる権利をもつ人のことです。日本の民法では、この法定相続人の権利が強いのです。

遺産について故人の指示や遺言などがなければ、法定相続人が遺産をもらうことになります。また故人の遺言があり遺産の分配の指示がされていたとしても、もし法定相続人がその分配方法に納得していなければ、故人の遺産の半分は「遺留分」として法定相続人の納得する方法で分配されることになっています。法定相続人は、その遺留分を法定分配率に従ってもらうことができるのです。また、遺言状があったとしても法定相続人全員で話し合い、合意すれば遺言状どおりに分ける義務もありません。前にも触れましたが、法定相続人の基本は、「配偶者」と「子ども」です。故人に「配偶者」と「子ども」がいれば、「配偶者」と「子ども」だけが法定相続人になれるというわけです。

しかし、高齢単身者の場合は、この「基本系」ではありませんので、必然的に複雑になってしまいます。高齢単身者の場合は、配偶者がいませんので、その場合の法定相続人を検討してみましょう。といっても、かつて配偶者はいたけれど、離別か死別したケースもあります。まずはそのケースから見ていきましょう。

配偶者と離別、もしくは死別しているケースで、子どもがいる場合は、子どもだけが法定相続人になります。かつて配偶者がいたとしてもすでに別れている場合は1円も相続権は発生しません。

ただし、もし子どもが死去している場合は、その子ども（つまり孫）が代襲相続するわけですから法定相続人になります。

子どもがいない場合は、両親が法定相続人になります。そして、両親がすでに死去している場合は、兄弟姉妹が法定相続人になります（ただし、兄弟姉妹に遺留分はありません）。兄弟姉妹がすでに死去している場合は、その子ども（つまり甥や姪）が法定相続人になります。

次に、未婚の高齢単身者のケースを見ていきましょう。

未婚の場合は、まずは両親が法定相続人となります。両親が生きている場合は、兄弟姉妹は法定相続人にはなれません。

両親がすでに死去している場合で、兄弟姉妹がいないときには法定相続人はなしということになります。叔父叔母や従弟などが法定相続人になることはありません。

離別、死別で子どももなく、両親もすでに他界している場合、兄弟姉妹がいる場合は兄弟姉妹が法定相続人になります。

兄弟姉妹もすでに死去していて、兄弟姉妹に子どもがいる場合は、その子ども（つまり甥や姪）が法定相続人になります。兄弟姉妹のうち生存している者と死去している者がいて、死去している者に子ども（つまり甥や姪）がいる場合は、生存している兄弟姉妹と甥、姪が法定相続人になります。

兄弟姉妹もすでに死去し、甥や姪も死去している場合は、それ以上、法定相続人の範囲は広がりません。

高齢単身者の遺産対策の基本は、「なるべく余計な資産は残さないこと」だといえます。下手に資産を残しておくと、親族にいらぬ「争族」をもたらしてしまうことになりかねません。高齢単身者の場合は、法定相続人が甥や姪など少し遠い親族になるケースが多く、遠い親族が遺産を相続するときには、「棚からボタモチ感」が大きくなり、かえって相続人の間でもめることになりやすいのが実情です。

また遺産が資産価値のないものであれば、残された者は処分に困ってしまいます。特に家やマンションなどの不動産は、いろいろな意味で残された者にトラブルを起こしやすいので注意が必要です。

身寄りのない人でも遺言書は必須

高齢単身者は、余計な資産は残すべきではありませんが、必要な遺産は確実に残す必要があります。

高齢単身者は、自分の死後の始末もある程度は自分でやらなければなりません。

葬式や墓地の手配なども、ある程度やっておかなければ法定相続人などが困ることになります。参考になるのは、2012年に41歳の若さで亡くなった、流通ジャーナリストの金子哲雄さんのケースです。彼は妻帯者でしたが、重い病にかかっていることを知り、余命幾ばくもないことを知るやお墓や葬儀の段取り、生前お世話になった人へのお礼状まで書き上げており、奥さんの手は一切煩わせませんでした。見習いたいものです。

実際には金子さんのようにできる人はまれでしょうから、せめて葬式や自分の後始末はどうするかを決めておくことぐらいは考えていかなければなりません。それに加えて、ある程度のお金も残しておかなければなりません。葬儀代などにプラスして、200万〜300万円程度は用意しておきたいものです。後始末をする人も、それだけあれば持ち出しになることはないでしょうから。

そういう、手続きやお金の一切は、明確に遺言書で残しておくべきでしょう。またお金は、前述した生命保険金で残すというのも有効だと思われます。自分の後始末をしてくれる人を受取人にして、終身の生命保険に入っておくのです。そうすれば、確実にお金を受け取れますし、法定相続人同士でもめることも防げます。

もちろん、天涯孤独で法定相続人もいないという方もいらっしゃるでしょう。

身寄りのない人が亡くなったあとの葬儀について、葬儀社と生前契約ができる場合があります。生前にあらかじめ葬儀プランを決定し、その死後、契約したプランに従った葬儀や埋葬を行ってもらうのです。

自分の死後、どんな葬儀をしたいか、誰を葬儀に呼んでもらいたいかなどを決め、希望するプランを事前に契約し、料金は信託会社または弁護士が管理するというものです。

身寄りのない人が亡くなった場合には、相続人もおらず遺言書は不必要にも思われます。しかし、自分がどのような葬儀・埋葬方法を行ってもらいたいか、財産をどのように処分してもらいたいか、希望を文書にしておくことは大切なことです。

お墓についても、生前に準備しておかなくてはなりません。自分の菩提寺に納骨されることを希望するなら、その旨を住職に伝えておきましょう。できれば書面にしておくことが必要です。菩提寺に入るつもりがない場合は海への散骨なども悪くないでしょう（自治体によって許可しているところとしていないところがあるので希望している自治体に確認してもらってください）。先祖代々の菩提寺が遠方などの場合には、親族が残っていれば話し合っておくことも必須です。

第4章

終の棲家をどうしますか?

「一生賃貸生活」は老後破綻への入口になりかねない

老後の生活を支えるうえで絶対に外せないのは、「住居」です。第1章でも指摘したように、各種統計での住居費は持ち家を前提としており、賃貸生活となると生活費の中でも最も比重が高くなる家賃が上乗せされるわけですから、「老後不足資金2000万円」に家賃分が加算されるわけです。

引退後で都心に通う必要もないのであれば、地方に行けば4万〜5万円台で十分な広さのマンションや一軒家を借りることも可能です。地域によっては人口増加につなげるため、補助金を出しても誘致する自治体も存在しています。しかし、住み慣れた都心で生活しようとなるとそうはいきません。家賃も段違いに高くなりますし、それが年金だけでは支払うことができずに、路頭に迷うどころか老後破産という最悪の状態に陥る可能性を秘めているのです。

それ以上に高齢単身者には高いハードルが待ち受けています。これは地方も都心も同じです。それは賃貸物件を借りようにも、そもそも貸してもらえない可能性がとても高いのです。現役時代は、会社員であったりすれば、まず不動産屋に行っても断られることはありません。しかし、高齢単身者の場合、門前払いを食らう場合もあります。

賃貸物件を借りる場合には必ず審査があります。かつては若い人がアパートを借りるにしても「保証人」が必要でした。筆者もかつては、親や親類に頼んで保証人になってもらったことがあります。そうすることで家主は、借り手が家賃を滞納したさいには、保証人に家賃請求ができました。もちろん保証人にも条件があって、ちゃんとした職に就く、社会的信用がある人に限られていました。

しかし、最近では保証人はいらない代わりに、専業の家賃保証会社が入居者から保険料を取り、滞納が出た場合は家賃保証会社が家主に滞納分を支払うという仕組みが主流になってきました。

ところが高齢単身者の場合、親や兄弟姉妹も高齢のためすでにリタイアしているケースが多く、保証人にはなれません。すると必然的に高齢単身者は家賃保証会社に頼ることになります。ですが、家賃保証会社は高齢単身者を敬遠します。

高齢単身者は母子家庭世帯より嫌われている

理由は簡単です。現役時代に比べ、収入が少ないということが大きな理由です。どれだけ銀行預金があろうとも年金しかフロー所得がない高齢単身者には審査を通さないことが多いのです。

家賃保証会社に勤務している知人によれば、高齢単身者は収入が低いとされる母子家庭よりも厳しく、単身の生活保護受給者並みに嫌われる傾向にあるそうです。母子家庭の場合、非正規労働者が多く、その平均年収は179万円前後といわれています。

年収179万円といえば、単身年金生活者より少ない場合もあるでしょう。ですが、母子家庭の場合は自治体から児童手当が出たりするなど、さまざまな福祉が受けられます。ましてや現在は空前の人手不足で最低賃金も上がってきており、若い人ならば引く手あまたです。転職などすれば、さらに待遇のいい職場に移ることも可能です。母子家庭ならば、子どもが学校を卒業して就職すれば家計状況も一気に改善します。

しかし、高齢単身者の場合はそうはいきません。ハローワークに行ってみればわかりますが、50代でも特殊なスキルや資格を所持していない限り、希望職種にはほとんど就くことができません。先にも述べましたが、60歳を過ぎるとさらに選べる選択肢は狭まり、清掃員や警備員などがほとんどです。もちろん、身分も正社員などは皆無で、良くても契約社員、ほとんどはアルバイトです。

家計が不安定であれば、滞納が長期化した場合、家賃保証会社が損害をかぶることになります。そのため、高齢単身者の審査をなかなか通さないという厳しい現実があるのです。家賃保証会社の審査に通らない限り、家主は部屋を貸しません。

最悪、建て替えを理由に追い出されることも

そして、家主のほうも高齢単身者を歓迎しません。

これは本書でもたびたび出てきた「孤独死」の危険性があるためです。高齢単身者の場合、居室内で死亡する確率が高く、身寄りがない分、発見が遅れがちです。夏場などだと遺体の腐敗も早く、体液が染み出て部屋内に染みついてしまいます。孤独死の場合、自殺や他殺と違い「事故物件」にはあたらず、次の入居者への告知義務もありませんが、人の

口に戸は立てられません。必ず次の入居者の耳に入ります。

そのため、内装をすべてリフォームしなくてはなりませんし、家賃も下げざるを得ません。遺体処理にともなうリフォームの場合、数百万かかるケースもあります。また、遺品の処理なども専門の業者に頼まざるを得ません。非常に手間とお金がかかりますが、これらもやはり家主の持ち出しとなることから、高齢単身者を敬遠するのです。

「今、借りている部屋に住み続けるから大丈夫」

と思っている方もおられるでしょう。

しかし現在、部屋を借りられているからといって安心はできません。

今後、あなたが高齢化するに従って、大家さんが賃料をあげたり、更新をしぶったり、建て替えを理由に退去を迫ったりすることがないとも限りません。

このような状況があるため、アパートを借りられない高齢単身者が激増しました。手をこまねいている場合ではないと、2017年に「住宅セーフティーネット法」が改正施行されました。この法律にもとづき、家賃補助や改修工事への補助と引き換えに、高齢単身者などの入居を断らないようにしたのです。しかし、補助をするのは国ではなく、各自治体のため、財政上の理由から機能しているとはいえません。国土交通省が目標としていた数には遠く及ばず、実現の見込みは立っていないのが実情です。

　このように高齢単身者が生涯賃貸住宅に住み続けるというのは、非常に難しい側面もあるのです。

高齢単身者にとって「持ち家」は最大のセーフティーネット

　住居の問題については、昔から「持ち家論争」というものがあります。家を自分で買うべきか、賃貸の方がいいかということが議論されてきました。

　サラリーマンにとっては、永遠のテーマかもしれませんが、ベースにあるのは「どちらのほうが得か？」という経済合理性の論点によるものでした。

　ですが、前述したような理由から、高齢単身者は「持ち家にしたほうが圧倒的に有利」だということがご理解いただけたと思います。持ち家の場合、月々のローン支払いが滞ったりしなければ、いつまでも住めるのです。賃貸住宅のように追い出される心配などはありません。

持ち家の場合は、家の代金を払ってしまえば、それは資産として残ります。家を買ってから支払い続けた月々のローンは「住居費」でもありますが、資産形成にもなっているのです。一方、賃貸住宅のほうは、家賃は払いっぱなしであり、それはまったく資産形成とはなっていません。もちろん、親の残した実家を相続して、そこに住んでも同じ効果が得られます。

持ち家は、いざというときに売却してなにがしかのお金を得ることができます。詳細は後述しますが、老後に身体がしんどくなってきたときには家を売却してさまざまな老人用住宅の入居資金にすることもできます。

また持ち家の場合は、ローンを払い終われば、あとは税金と維持費だけで死ぬまで住み続けることができます。賃貸住宅の賃貸料と比べれば非常に安くて済むのです。

雑誌などの持ち家論争では、平均寿命までの賃貸料と持ち家の取得費用を比較して両者は同じくらいという結論になっていますが、もし平均寿命よりも長く生きれば持ち家のほうが得をすることにもなります。自分の想像以上に長生きした場合、家賃を払い続けるだけの資産が尽きてしまうかもしれません。しかし、人間の寿命などは自分ではわかりません。まさに運を天に任せるしかないのです。

持ち家は、経済上、生活上のメリットでもありますが、精神衛生上も非常に大きなメリットをもたらしてくれます。

もちろん、持ち家には土地価格の下落というリスクがあります。バブル期に高値で住宅を買って、あとで苦しんだ人はたくさんいます。そういうのを見ると、「家を買うことはリスクだ」と思う気持ちもわからないではありません。

ですが、バブル期に高い不動産を買って後で苦しんだ人のほとんどは、「値上がりをあてにして自分の経済力以上の物件に手を出してしまった人」です。つまり、投機です。自分の収入で、無理なく買える範囲で購入している人は、それほど苦しいことにはなっていないはずです。

また、家を持つことによって地震や台風など自然災害を不安視する人もいますが、災害列島である日本において、全国いつどこが危ないなどと完璧に予測できる人は誰もいません。来るかどうかわからない災害を心配するよりも経済的・精神的安定を考えたほうがよほど合理的な考え方といえます。

さらにいえば、不動産の価値が下がっても終の棲家として考えれば、精神的にもそれほど大きな打撃は受けないものです。

「もう老後は目の前だから、今更家を買う余裕はない」

と思っている人もいるかもしれません。

ところが、ひとり暮らしの1DK（30平方メートル前後）のマンションであれば、築年数の古い物件ならば都心部でも1000万円を切る価格でいくらでも売っています。また、都心から離れたところであれば500万円前後でもあります。

退職金を使うなどちょっと頑張れば、60歳を過ぎても買えないことはないはずです。

60歳から20年生きるとして家賃5万円だとしても、1200万円の住居費がかかります。その前払いと思えば、500万〜1000万円は安いくらいです。

逆に考えれば、そのお金で老後の安心を買うということにつながるのです。

家を売るときに「3000万円特別控除」を知らないと大損する

幸運にも親から相続した家がある、またかつて家族がいたときに買った持ち家があるという人もいるでしょう。家族で住んでいたときには広々とした家が良かったかもしれませんが、高齢単身者ともなると広すぎて逆に寂しく感じたり、掃除や庭の手入れが大変な上に光熱費がかかるということもあります。そういうときには思い切って、売却して小さなマンションなどに住み替えるという方法もあります。

第3章の相続の部分で親が残した空き家の処分に関する特例をご紹介しましたが、それと同様に、不動産売却のさいは利益に応じて税金がかかります。売却代金が高いことも多いので必然的に税金も高くなります。売却利益が出ると、譲渡所得税という税金がかかります。計算式は次のとおりです。

譲渡所得税＝（売約代金－購入価格）×税率

譲渡所得税にかかる税率は、所有期間によって変わります。第3章でも述べましたが、所有期間が5年以下の場合は投資物件と見なされて短期譲渡所得として39・63％、5年を超える場合は居住用と見なされて長期譲渡所得として20・315％となっています。

空き家売却と違う点は、10年を超えて所有している家を売る場合は、利益が出たとしてもさらに税率は低くなり、課税譲渡所得が6000万円以下の部分については14・21%まで軽減されることです。

たとえば本稿執筆時点の段階では場所にもよりますが、東京オリンピックの前とあってバブルの様相を呈しており、東京23区内の人気のある区では、ファミリー向けの70㎡の3LDKの新築マンションに6000万〜8000万円もの値がついています。中古物件も軒並み値上がりしています。私の知人などは約4000万円で買った自宅を査定してもらったところ、5500万円の値段がついたそうです。彼のケースを例にして見てみましょう。先ほどの公式にあてはめれば、売却代金−購入価格＝1500万円の利益になります。

仮に彼の家が築4年だったとすると1500万円×39・63%＝594万4500円。

もし築6年だったとすれば、1500万円×20・315%＝304万7250円。

と、300万円近い差がつきます。どちらにしてもかなり多額の税金を支払う必要があります。しかし、彼が買ったときはいわゆる「ソニーショック」があった2003年。不況で現在の相場よりも2000万円も安く買えた時代でした。すでに10年を超えているので14・21％の軽減税率が適用されて、213万1500円にまで下がります。

覚えておいてほしいのが、第3章で紹介した空き家特例と同じ「3000万円特別控除」です。これはあくまで居住用住宅に限りますが、算出された税額から3000万円を控除するというものです。

先ほどの例でいえば、売却益が1500万円でしたから、そこから3000万円を控除すると－1500万円となり、税金はゼロとなります。

条件はいろいろとあるのですべては記しませんが、売り手と買い手が親子や夫婦など特別な関係でないことや、先に述べたようにあくまで居住用にのみ適用されるもので別荘などには適用されません。

また、この特別控除を受けるためには確定申告が必要なので譲渡所得の内訳書や居住用財産の所在地にある住民票などを提出する必要があります。詳細は税務署に問い合わせてください。

この特例を使えば、また先ほどのケースを例にとれば、5500万円のキャッシュが無税で手に入ることになります。先ほどの知人は家族持ちなので売るつもりはないそうですが、奥さんに先立たれて子どもが独立したら、売ってシニア用マンションを購入するとのことでした。仮に2000万円ほどの予算でシニア用マンションを買っても残りのキャッシュは単純計算で3500万円も残ります（ここではシニア用マンションを買った際の諸経費は考慮していません）。

仮に65歳でこうした行動をとった場合、年金が18万円もらえるとして、毎月10万円ずつ取り崩すと月額28万円にもなります。ひとり暮らしなら十分な金額でしょう。これを25年続けて90歳時点で取り崩す金額は3000万円で、まだ500万円も残る計算です。ハイパーインフレなどが起きない限り、余裕ある老後が約束されます。家を持つということは、こうしたメリットもあるのです。

3000万円特別控除は売却利益が出た場合ですので、売却損失が出た場合はもちろん、税金はかかりません。

「リバースモーゲージ」と「リースバック」の違い

前項では持ち家を売った場合の特別控除について記しました。

でも、やはり親や家族との思い出が染みついた家を手放したくないという方もいらっしゃるでしょう。そういうときは、自宅に住みながらにして老後資金を確保する方法もあります。

まずは知っている方もいるかとは思いますが、「リバースモーゲージ」についてご説明したいと思います。

リバースモーゲージというのは、ざっくりいうと、自宅を担保にしてお金を借りる制度です。普通の不動産担保ローンとどこが違うのかというと、基本的にお金は返さなくていいということです。自分の死後に、持ち家の所有権を借金の貸主（金融機関）に譲渡するという条件になっているのです。

つまりは、「自宅に住み続けながら自分の家の売却代金を事前に受け取る」というような制度です。おおよそですが、融資金額は自宅の評価額から算出され、大体50〜70%というところが相場のようです。

特に高齢単身者にとっては、非常に有効なアイテムだといえます。高齢単身者は、家族に資産を残す必要もありません。それを考えたときリバースモーゲージは、高齢単身者にとっては打ってつけの資金調達システムなわけです。

リバースモーゲージは「自分の資産を自分が生きているうちに自分のために活用できる」という画期的な制度ですが、若干の難点もあります。原則として、借金の返済の必要はありませんが、契約によっては不動産価値が当初に比べて急激に下がったような場合は、返済を求められることもあります。また、契約期間以上に長生きしてしまったら自宅を売却しなければなりません。さらに推定相続人（将来、法定相続人になるだろう人）が存在していたら、全員の同意が必要ということも知っておくべきでしょう。また抵当権などが設定されていると利用ができません。資金の使途についても銀行によって、制限される場合もあります。

そしてリバースモーゲージの場合、資産価値や流動性を重要視することから基本的に一都三県（神奈川県、千葉県、埼玉県）＋大阪などの一戸建てが対象であり、マンションの場合、よほどの高級物件やヴィンテージマンションでないと対象から外れてしまうというのも使い勝手が悪いところです。

一方、リースバックはリバースモーゲージとは多少違います。

どちらも自宅に住みながら、現金を受け取る方法で老後資金を調達する、という点では一緒です。ただし、仕組みが多少違います。リバースモーゲージが自宅を担保にしてお金を借りて、死亡後または契約終了後に自宅を売却して一括返済するのに対し、リースバックの場合は、自宅を売却して一括して現金を受け取り、売却後はその中から賃貸料を支払って、自宅にそのまま住み続けるということです。つまり、現金が銀行から借り入れたものか、売却代金か、というのが大きな違いです。

リースバックは、すでに売却済みのため、受け取ったお金はどのように使おうとも自由というところがリバースモーゲージとの違いでもあります。

リースバックは売却した時点で所有権が第三者（投資家）に移りますので、それまで払っていた固定資産税やマンションの管理費・修繕積立金の支払いも必要なくなります。また、リバースモーゲージと違い、推定相続人の了解を取る必要もありません。もし、途中で気が変わって買い戻したかったら、買い戻すこともできます。さらにお気づきのように一戸建てに限定されず、マンションや事務所なども対象になるのがいいところです。

もっとも、リースバックも問題がないわけではありません。家賃を払って住み続けるわけですから、想像以上に長生きした場合などは家賃が支払えなくなる可能性もあります。住宅ローンが残っていても利用できますが、その分、受け取る金額が少なくなることも覚えていてほしいものです。

シニア向けマンション購入で孤独や雑務からも解放される

先ほども触れましたが、持ち家を売ったお金でシニア向けマンションを購入するという案も頭の片隅に入れておきたいものです。シニア向けマンションというのは基本的に分譲で価格も1000万円台から高いものだと億単位のものまでピンからキリまであります。入居できる条件は自立して生活できる人が基本ですが、通常のマンションとどこが違うかというとバリアフリーが整い、また高齢者向けのサービスが充実しているところです。

安否確認のための見守りサービスがあり、なかには看護師が常駐しているところもあります。そういう意味では本当に安心です。孤独死してしばらく発見されないといった恐怖から解放されるのですから。生活面でも食事や洗濯、掃除などの家事一般を代行してくれたりもします。もし、入居後に介護が必要になったら、提携している外部の介護サービスを受けることもできます（ただし、その場合はもちろん別料金）。

また、本書の冒頭にも記しましたが、高齢者にとって恐ろしく感じるものは「カネ、孤独、健康」の3Kです。なかでも話し相手がいない「孤独」はさまざまな弊害を引き起こします。昨今、テレビなどで報じられている「ゴミ屋敷」なども、持ち主はほとんどが高齢単身者で近所づきあいもなく孤立しています。先にも触れましたが、孤独は認知症を発症しやすいという報告もあり、また平均寿命も短くなりがちです。

その点、シニア向けマンションの場合、共有部分が広く造られている場合が多く、ほかの居住者とも交流ができます。イベントやレクリエーションも頻繁に行われているところもあります。さらにグレードが高いところではプールやジム、温泉やシアターまで併設されているところがあります。もちろん、ひとりになりたい時間もあるでしょう。ほかの老人施設と違い、外出などに制限などは一切ありません。

ここまで読むとまるでホテル暮らしのように思えてパラダイスのように感じますが、問題点がないわけではありません。冒頭でも記したように、分譲ですので買うときにまとまったお金がかかります。持ち家や親から相続した家を売ったりして、購入金額を用意しなくてはなりません。また、普通の分譲マンションのように管理費や修繕積立金もかかりますので、多額な金融資産や年金も公的年金だけでなく、企業年金など充実している方向けといってもいいのではないでしょうか。

金銭的にゆとりがあり、健康に自信がある人にとっては至れり尽くせりといってもいいかもしれません。

資産がない人は賃貸型の「サービス付き高齢者住宅」という選択肢も視野に

これまでは持ち家や親からの実家を含む遺産がある方向けに言及してきました。持ち家信仰が強い日本人高齢者の持ち家率は3分の2を超えているからです。しかし、逆の言い方をすれば、3分の1の高齢者は賃貸生活です。住宅ローンにしても完済までの期限は80歳が上限ですので、ローンを組むことも難しいです。

そういう方はどうすればいいのか。高齢単身者は何度も述べましたが、孤独との闘いもあります。それらを解決する一助になると目されているのが、サービス付き高齢者住宅（以下、サ高住）です。

前項で取りあげたシニア向けマンションとの違いは、シニア向けマンションが分譲であり、多額の初期費用がかかるのに対して、サ高住は賃貸で金銭的負担が大きくありません。おおよそですが8万から20万円くらいです。これならば、ちゃんと年金を払ってきた人にも支払えない額ではありません。しかも、賃貸ですから気に入らなければ退去するのも容易です。

気になるサービス内容ですが、1日1回の安否確認が義務づけられていて、さらにシニア向けマンションと同じように家事全般をオプション（別料金）で頼むこともできます。サ高住もシニア向けマンションと同じように自立した生活が送れる方が入居条件で出入りも自由です。

また、共有部分もあり、ほかの入居者との交流も可能です。やはり孤独とは無縁の生活も送ろうと思えば送れます。

問題は、サ高住はあくまで住宅であり、介護施設ではないということです。ですから、軽度の認知症などには対応してくれることもありますが、夜中に徘徊（はいかい）を繰り返し、自力で帰ってこられないなど重度の認知症になって入院が必要になった場合などは退去を余儀なくされてしまいます。つまり、終の棲家として保障されているわけではないのです。

要介護の人でも入れる「介護付き有料老人ホーム」

介護付き有料老人ホームの場合、一般的に65歳以上の高齢者が入居条件となります。「自立型」「介護専用型」などの種類があり、それぞれ入居条件が違います。

自立型は読んで字のごとく、自立して生活ができる方用、介護専用型は要介護1以上の方という条件があります。ここでは、介護専用型に話を絞って説明していきたいと思います。まず費用ですが、入居一時金が0円のところから数千万円かかるところまで千差万別です。毎月かかる費用ですが、これは立地場所などで違い15万円から30万円超と開きがあります。ここには家賃、管理費、食費が含まれており、もっとも費用が高い東京23区を例にとれば、27万円ほどかかるとされています。これに入浴や通院などの送迎が一定回数を超えた場合に追加費用がかかるケースもありますし、個人が使う日用品（歯ブラシやおむつなど）や医療費も加わります。

もちろん、その分、23区外や近隣県である埼玉県や千葉県の奥地にいけば、費用はだいぶ抑えられます。

介護付きホームで、入浴、排せつ、食事の介助などを行う分の費用を「施設介護サービス費」といいます。こちらは介護保険が適用されます。入居者は自己負担分として施設介護サービス費の1割（所得によっては2～3割）を負担します。

介護付きホームでは要支援から要介護までそれぞれの状態に合わせた介護サービスが受けられるうえに、施設によっては24時間、看護師または准看護師が配置されています。

問題点としては、毎月介護サービスを受けることから、介護保険の利用限度額まで使うため、介護保険を利用した介護サービスは全額自己負担となってしまいます。

また、介護型老人ホームは前に紹介した2つとは違い、外出にも制限が加えられることが一般的です。軽度の認知症の方の場合だと、重度の認知症の方と四六時中顔を合わすことになるので、ストレスとなることにも注意が必要です。

費用も安い「特別養護老人ホーム」は倒産の危険がない

特別養護老人ホーム（以下・特養）は、公的な介護保険施設のひとつです。そのため、あまたある老人ホームの中ではかなり安価な費用で入居できます。おおよそ、月額で15万円を下回ります。有料老人ホームのような入居一時金はなく、負担は月々の利用料のみです。基本的には在宅での生活が困難になった65歳以上の要介護3以上の高齢者が入居の条件で、死ぬまで介護が受けられる施設です。また民間の老人ホームが突然閉鎖になって、終の棲家を失った高齢者が多発するなど社会問題化するなかで、特養の場合は公的機関が運営しているので倒産するといった心配も要りません。

介護スタッフは24時間常駐し、必要なときにきちんとした介護が受けられます。しかし、不安な点が解消されたわけではありません。２０２５年にはボリュームゾーンである団塊の世代が全員75歳以上の後期高齢者となります。それにともない、要介護者も激増するとみられていますが、介護職は激務の割に低賃金のため、社会福祉士など公的な資格保持者でも介護の世界から飛び出す人があとを絶たないからです。政府の試算では、２０２５年の段階で38万人の介護職員が不足するとされています。

また看護師の24時間常駐は義務づけられていないため、夜間などに具合が悪くなったときなどは使い勝手が悪いかもしれません。

図⑳　在宅サービスの利用限度とサービス目安

要介護度		サービスの目安	負担額(注)
要支援	1	週2回程度のサービス ・訪問介護、通所介護、通所リハビリの中から週2回程度	5032円
	2	週3～4回程度のサービス ・訪問介護、通所介護、通所リハビリの中から週3～4回程度 ・福祉用具(歩行補助つえなど)の貸与	1万531円
要介護	1	1日　1回程度のサービス ・訪問介護、訪問看護、通所介護、通所リハビリの中から1日1回程度 ・短期入所…3か月に1週間程度 ・福祉用具(歩行補助つえなど)の貸与	1万6765円
	2	1日　1～2回程度のサービス ・訪問介護、訪問看護、通所介護、通所リハビリの中から1日に1～2回程度 ・短期入所…3か月に1週間程度 ・福祉用具(歩行器・認知症老人徘徊感知機器など)の貸与	1万9705円
	3	1日　2回程度のサービス ・訪問介護、訪問看護、通所介護、通所リハビリの中から1日に1～2回程度 ・短期入所…2か月に1週間程度 ・巡回型訪問介護(夜間)…1日1回程度 ・福祉用具(車いす、特殊寝台、マットレスなど)の貸与	2万7048円
	4	1日　2～3回程度のサービス ・訪問介護、訪問看護、通所介護、通所リハビリの中から1日に2回程度 ・短期入所…2か月に1週間程度 ・巡回型訪問介護(夜間)…1日1回程度 ・福祉用具(車いす、特殊寝台、マットレスなど)の貸与	3万938円
	5	1日　3～4回程度のサービス ・訪問介護、訪問看護、通所介護、通所リハビリの中から1日に2回程度 ・短期入所…1か月に1週間程度 ・巡回型訪問介護(早朝・夜間)…1日各1回程度 ・福祉用具(車いす、特殊寝台、エアーパッドなど)の貸与	3万6217円

(注)1割負担の場合。一定以上の所得がある場合、2割(負担額は2倍)、3割(同3倍)となります。

資料:社会保険労務士事務所あおぞらコンサルティング作成

しかし、朗報もあります。

それは有料老人ホームなどへの入居が困難な低所得者や生活保護受給者でも入居できるよう、利用者の負担が軽くなる「社会福祉法人等による利用者負担の軽減制度」が設けられているケースが多く、個人の収入や年金に応じて利用負担が軽くなる「特定入所者介護サービス費」という制度も存在します。これは所得や資産などが一定基準を満たしていない方に対して、負担限度額を超えた分の居住費と食費の負担額が介護保険から支給される制度です。

なお、特定入所者介護サービス費の利用には、事前に市町村に負担限度額認定を受ける必要があります。特別養護老人ホームの費用は、入居者本人と扶養義務を負っている人の合計所得によって負担限度額が決定します。

合計所得とは、年間収入から公的年金控除や給与所得控除、必要経費を引いたあとで、基礎控除や、本人や扶養家族の状況による所得控除をする前の所得金額です。課税所得ではありません。この節の冒頭でおおよそ15万円を下回る程度と記しましたが、低所得者と認められた場合、介護度などによって違ってきますが月額12万~13万円くらいにまで免除されることが多いようです。

かつては入居するまで数年待ちということがザラでしたが、法律の改正により要介護3以上に引き上げたことから、対象者が減り一時より待機時間は減ってきてはいますが、地域差はあり即入居というわけにはなかなかいかないようです。

高齢単身者が合同で暮らす代表的な施設の一部をご紹介しましたが、このほかにもまだありますので、金銭面やサービス内容などについては厚生労働省などにお問い合わせください。

第5章

賢いダウンサイジングで生活防衛

固定費を見直し、生活を賢くダウンサイジング

高齢単身者の経済生活を快適なものにするためには、できるだけ収入を増やすこともそうですが、できるだけ支出を減らすことも考えなくてはなりません。

限られた年金収入の中では、現役世代のときのようなお金の使い方をしていれば、あっという間に破綻してしまいます。特に遊興費、交際費などは、大幅に減額をせざるを得ないでしょう。

しかし、単に支出を削減するだけでは、ストレスがたまってしまいます。

せっかく長生きできる世の中になったのだから、楽しく老後を過ごしたいものです。というより、ただ長生きしても意味がないわけです。楽しい人生が長く続くからこそ、長寿が喜ばしいことになるはずです。ただ生きながらえるだけの長寿であれば、何もめでたいことはありません。

つまり、老後は「楽しいこと」を目指すべきです。

高齢単身者の場合は、外出して人と交際をしなくなればまったく孤独になってしまいま

す。それは、決して楽しい老後にはなりません。

やはり、外出したり人と交際したりすることは、なるべく減らしたくないものです。

そのためには、なるべく生活の質を落とさずに、費用だけを減らすことを考えなくてはなりません。まず、絶対的に必要かつ効果的なのは固定費の見直しです。

シニアにはお得な割引特典がいっぱい

固定費の見直しを論じる前に、シニアだからこそ得する制度を利用しない手はありません。たとえば、ＪＲの「ジパング倶楽部」は男性65歳以上、女性60歳以上が入会条件で年会費３８４０円を払えば、日本全国のＪＲの切符が年間20回まで20〜30％割引になります。

飛行機を使って、遠くに旅行するのが趣味の方にも朗報があります。

ＪＡＬではＪＡＬカードなどへの加入を条件に満65歳以上であれば、当日空席がある場合に割引価格で利用できます。ＡＮＡもＡＮＡマイレージクラブカードか、ＡＮＡカード所持を条件にＪＡＬ同様満65歳以上で、当日空席がある場合に割引価格で利用できます。

スーパーのイオンでも、満55歳以上を対象にしたＷＡＯＮカードを利用すれば、毎月15

日のG．G（グランド・ジェネレーション）感謝デーに「G．GWAON」で5％割引で買い物ができます。こちらもイオンのサービスですが、映画ファンならば、イオンシネマの「ハッピー55」を利用すれば、満55歳以上は料金が税込みで1100円に割引になります。映画会社最大手のTOHOシネマズでも満60歳以上ならば1200円で映画が観られます。通常料金が1900円と値上がりしただけにかなりのお得感があります。

このほかにも、携帯電話料金でも60歳以上から割引になる制度もあり、アミューズメントパークやドラッグストアでも高齢者であることを条件に割引制度を採り入れているところはたくさんあるので、ぜひとも活用して、残りの人生を謳歌（おうか）したいものです。

25年間で2400万円削減することも可能

さて、本題のダウンサイジングに話を移します。現役時代によほど高給だったり、貯蓄をしっかりやって老後資金に心配ないという人もいるでしょうが、そんな恵まれた人は少数派です。生命保険文化センターが行った「平成28年度生活保障に関する調査」によれば、高齢者の8割以上は老後のお金について「不安」と答えています。

不安を解消するならば、できるだけ長く働くか、ダウンサイジングで無駄な支出を削るしかありません。この節ではいかに無駄な支出を省けるかを考察してみたいと思います。

一般的にリタイア後は夫婦二人世帯で現役時代の7割を目安にすればいいとされていますが、高齢単身者の場合、もらえる年金額が二人世帯より少ないので、5～6割くらいを目安にしてみるといいと思います。そのために必要なのは本章の冒頭の節でも触れた固定費の見直しです。

・自動車

昨今、高齢者の自動車事故が多発し社会問題化していますが、ダウンサイジングにもっとも適しているのは自動車です。特に都市部に住んでいれば、自宅内に駐車場がある以外は駐車場代は高いですし、ガソリン代、高速代、税金、2年に一度ある車検代、自動車保険料……などを加味すると毎月5万円くらいはかかります。さらに買い換え費用なども考えれば数百万円かかります。都市部であれば公共交通機関は発達していますし、どうしてもクルマが必要な場合はタクシーを利用すれば問題は解決できるはずです。どうしてもクルマが好きな人は、クルマを手放し、月額会費1000円+利用料のカーシェアリングなどにシフトすれば、大幅な削減ができます。

・自動車保険

そうはいっても、地方都市に住んでいてクルマが手放せない方もいらっしゃるかと思います。買い物に必要不可欠という方もいるでしょう。そういう方は、自動車保険を考え直してみましょう。なんとなく、今まで惰性で入っていた自動車保険から通販型のネット保険に転換してみるのです。営業マンなどの人件費がかからない分、保険料が格安に抑えられています。車種や保障にもよりますが、毎月1万円カットできるケースもあります。

・固定電話と格安スマホ

固定費で外せないのは通信費です。ひと昔前までは固定電話をもっていないと社会的信用がないなどといわれて、利用頻度が少なくとも解約しないのが普通でした。しかし、現在ではそのような偏見もなくなりましたし、電話がかかってくるのはほとんど携帯・スマホのほうです。さらにオレオレ詐欺がかけてくるのはほとんどが固定電話です。固定電話を解約すれば、加入プランによりますが毎月3000円ほどが抑えられます。またオレオレ詐欺ではなくても、固定電話にかかってくるのは「0120―」ではじまる番号の勧誘電話が圧倒的です。

さらに3大キャリアから格安スマホに変更するのも効果大です。家族通話無料やデータ固定プランなどもあり、しかも3大キャリアならば毎月1万近くかかっていたスマホ代が格安スマホに変更しただけで毎月の支払いが半分以下になったという方もいます。

・**新聞代**

詳細は後述しますが、図書館を使い倒すことも考えてみてもいいと思います。これのもっとも現実的なメリットは「新聞を読めること」だともいえます。

ほとんどの図書館で、全国紙（読売、朝日、毎日、日経新聞）と地方紙、スポーツ紙を置いています。図書館の支所のようなところでも、新聞5紙くらいは置いてあります。つまりは、毎日の新聞が無料で読めるわけです。さらに夏や冬に利用すれば、自宅の光熱費も節約できます。

新聞代は、全国紙の場合、月4000円程度もします。電子版とセットにすると6000円近くなるものもあります。年間にすると約5万〜7万円です。

重要なニュースなどは、Ｙａｈｏｏ！やグーグルのニュースページですぐに見ることができます。ネットを普段使用している人にとって、新聞の情報は古く感じるはずです。

「テレビ欄が見たい」

という人も多いと思いますが、テレビの番組表はスマホでいつでも見ることができますし、昨今のテレビは、「番組表」が見られるようになっているものが多いです。

何よりもテレビ欄を見るためだけに、1紙あたり年間5万～7万円も払うのは、もったいないでしょう？

新聞を読むために、毎日図書館に通うことにすれば日々の運動にもなります。高齢単身者の老後は、油断すると家に閉じこもりがちになりますので、そういう日課をつくっておくというのも、豊かな老後を過ごす一手だといえます。

もちろん、毎朝、コーヒーを飲みながら新聞を読むのが日課で、それが生活のリズムになっているというような人に、無理に新聞不買を勧めるわけではありません。無理をすればストレスがたまります。その辺は、柔軟に対応していただきたいと思っております。

・水道光熱費

ちょっと地味ですが、水道光熱費についても知恵を使って削減することができます。まず水道費については、シャワーを浴びる方も多いと思いますが、このシャワーヘッドを節水型に変更するだけで毎月数百円ですが、安くなります。毎月数百円ですが年間に換算すると数千円になります。それが10年、20年と続けばバカになりません。節水型シャワーヘッドはホームセンターなどで買えば２０００円程度で手に入ります。

次に光熱費です。２０１６年４月の電力自由化によって、これまで関東地区ならば東京電力の一択しかありませんでしたが、自由化によってさまざまな会社が参入してきました。それにより、さまざまなサービスをつけて顧客獲得に躍起になっています。もちろん、プラン選びが重要になってきますが、年間２万円も安くなるケースもあるようです。筆者の知人も電力会社とガス会社を同じにして特典をもらったうえで、毎月の光熱費も減らすことができたと喜んでおりました。

今、挙げたのはほんの一部ですが、このほかにもふるさと納税を使って、実質２０００円でお米20kgを手に入れるなどさまざまな節約術があります。都心暮らしの人が仮にクルマを手放したうえで、あらゆる節約術を駆使すれば毎月８万円ほどの節約も可能です。もし、60歳から25年間この生活を続けたとします。すると、毎月８万円×12か月×25年＝２

400万円も浮かせることができる計算になります。老後生活2000万円不足問題を超える金額になるのです。

ダウンサイジングをバカにしてはいけません。

高齢単身者の老後は地域コミュニティが重要

高齢単身者の老後を豊かにする鍵は、「地域コミュニティ」を上手に使いこなすことにあるといえます。

なぜ「地域コミュニティ」が重要かというと、主にふたつの意味があります。

ひとつは、経済的な意味です。

地域コミュニティには、経済的な恩恵をもたらす要素がたくさんあります。

代表的なものは、図書館や公民館です。詳細は後ほど述べますが、図書館や公民館をうまく使えばほとんどお金をかけることなく、娯楽や情報収集を行うことができます。

もうひとつの意味は、「人とのきずな」です。

高齢単身者が会社を退職したり、仕事を引退したりすると、お金の問題だけではなく、「人とのきずながなくなる」という問題もでてきます。

仕事がなくなるとどうしても、家に閉じこもりがちになり、人と接する時間が少なくなります。人とまったく接することがなくなれば、楽しみもなくなりますし、それはストレスにもつながります。人との会話が少ないと認知症になりやすいという説もあります。

特にサラリーマンだった人が定年退職すると、急に人間関係がしぼんでしまいます。筆者も元は国税調査官をしていて、それを辞めたあとにライターをはじめたのですが、辞めてもっとも強く感じたストレスは「孤独」でした。

組織の一員だったころは、嫌でも毎日大勢の人と会わなければなりません。筆者にとって職場の人間関係はそれなりにストレスでもあったのです。

ところが、そういう人間関係がまったくなくなることは、それよりもはるかに大きなストレスでした。いろいろな人と話したり仕事をともにすることは、人としての心身の健全性を保つ大きな要素でもあると思われます。サラリーマンが会社を辞めると、「日常的に会わなければならない人」というのはかなり少なくなります。

特に高齢単身者の場合は、壊滅してしまうおそれもあります。

また、高齢単身者には、前述した孤独死という大きな問題があります。孤独死を防ぐためにも、「日常的に人と接する」ことをしておきたいものです。

しかし、人の付き合い＝仕事の付き合いという方も多く、仕事以外の人と接することに慣れていない人も少なくないようです。

人と接する糸口として、地域コミュニティと接点を持ちたいものです。

地域コミュニティでは、気楽に参加できる催しや会合などが頻繁にもたれています。

たとえば、公民館で定期的に「碁会」「麻雀」などが行われていることも多いですし、さまざまな地域サークルの募集が掛けられていたりもします。地域のちょっとしたボランティアの募集も、頻繁に行われています。

高齢単身者は、現役で働いていたときには、地域コミュニティとはほとんど接点がなかったという人が多いでしょう。特に男性の場合は、公民館でさえ選挙の投票のときくらいしか行ったことがない人がほとんどではないでしょうか？

だから、気楽には行けないように思われるかもしれません。

ですが、いったん、利用し始めると、「こんなに便利なものがあったのか」と驚くはずです。

本章では、地域コミュニティをうまく利用して、「経済的な恩恵」や「老後の生きがい」を見つける方法をご紹介していきたいと思います。

図書館はタダで知的好奇心を満たせる

前述しましたが、絶対に覚えていただきたいのは、「図書館の有効活用」です。

図書館であれば、地域コミュニティに慣れていない人であっても、特に抵抗なく入れるはずです。

昨今の図書館は、いろいろなものが非常に充実しています。

昔は、役場のような殺風景な場所に、本棚に本だけが大量に置かれていて、イスはギシギシ音がするパイプ椅子でした。ですが、最近の図書館は、どこもきれいでソファが備え付けられたり、畳の部屋があったりもします。

本の品ぞろえも非常に充実しているところが多いです。昔はいざ知らず、最近は話題の新刊もけっこう置いてあります。ただ新刊の人気作品はすぐに予約で埋まってしまいますが、ちょっと前の話題作などは簡単に読むことができます。

また最近の図書館の多くには、「リクエスト」という制度があります。これは読みたい本が、図書館になければ、リクエストすると取り寄せてくれるというものです。近隣の自治体から取り寄せたり、ない場合は新規で購入してくれたりもするのです。リクエストが必ずかなえられるわけではありませんが、かなりの確率で手にすることができます。

そして、最近の図書館では、視聴覚施設が非常に充実しています。ほとんどの図書館には、ＣＤやＤＶＤまでもが置いてあります。そして、それを視聴できるコーナーもあります。

ＣＤやＤＶＤに関しては、権利の関係などで最新のソフトとまではいきませんが、昔の名作などはだいたいそろっています。２週間くらいは借りられるので、余裕をもって観ることができます。レンタルビデオ店と違うところは、アダルト関係が置いていないことくらいです。

さらにありがたいことに、昨今の図書館では、Ｗｉ‐Ｆｉを導入しているところがかなり増えていることです。また最近の図書館は、スマホやパソコンを持ち込まなくても、備え付けのパソコンでインターネットができるところも増えています。ひとり1時間などの制限があることが多いですが、待っている人がいない場合は、たいがい延長できます。だからネットをあまり見ない人などは、図書館で十分であり、家庭のネット代が節約できます。

国内のあらゆる本、マンガ、雑誌が無料で読める国会図書館

図書館の話が出たついでに、首都圏に住んでいる方にはちょっと役に立つ図書館の情報をここでご紹介したいと思います。

実は、東京には日本中のあらゆる本、マンガ、雑誌が無料で読める図書館があります。

その図書館とは、「国会図書館」です。

国会図書館というのは国会議事堂の近くにある国立の図書館です。

国会図書館という名称から、一般の人は入れないいんじゃないかという印象もありますが、一般の人にも開放されています。というより、利用者のほとんどは一般の人です。

この国会図書館というのは、日本で商業出版されたあらゆる本を保管することが建前に

なっています。つまり書店で売っている本はほぼ100％置いてあります。もちろんマンガや雑誌もです。

ただし、同人誌など、通常の商業ルートにのっていない本は、入っていないこともあります。また新刊や最新の雑誌は、入ってくるまでしばらく時間がかかるので、最新刊を読むのは難しいです。それ以外の本は、だいたい読むことができます。

持ち帰りの貸し出しはされていないので、借りたその日に国会図書館内で読まなければなりません。一回に貸してくれる本の冊数は3冊までです（雑誌は10冊まで）。ですが、借りた本を返却すれば何度でも別の本を借りることができます。だから、一日に何十冊でも読むことができるのです。

また国会図書館には、ちゃんとした椅子があるので、普通に読書をするのに不都合はありません。最初の登録カードをつくるときに身分証明書などが必要です。しかし、一度、登録をすればあとは簡単に利用することができます。登録カードの作り方や本の借り方などは、図書館内にいる係の人に聞けば丁寧に教えてくれます。

つまりは国会図書館への電車賃さえあれば、一日中マンガや本を読むことができたりするのです。

読みたい小説や漫画がたくさんあって、わずかな電車賃だけで国会図書館まで行ける人は、絶対に使用するべきでしょう。

「公共のスポーツジム」はいいことずくめ

図書館の次に使っていただきたいのは、「公共のスポーツジム」です。

サラリーマンはなかなか気づかないのですが、昨今、各地の自治体は、住民が利用しやすいさまざまな公共施設をつくっています。

その最たるものがスポーツ施設です。

昨今では、ほとんどの自治体では、スポーツジムをつくっています。どこの市区町村にも、一個くらいは公営のスポーツセンターがあるものです。そこには、体育館やテニスコートなどのほかに、温水プールやスポーツジムが併設されていることが多いのです。

老後は運動不足になりがちです。スポーツジムなどに通いたいと思っている人も多いはずです。ところが、スポーツジムというと、入会金や月会費がけっこうします。だいたい安くても1万円前後はします。スポーツ好きな人はともかく、せいぜい週に1～2回通えるかどうかという程度の人では、なかなか入会に踏み切れないのではないでしょうか？

でも、公営のスポーツジムであれば会費制ではなく、一回いくらという料金設定になっています。一回300～400円程度で、高齢者の場合はさらに割引が設定されているところもあります。

民間のスポーツジムに入会しても行かなくなって幽霊会員となってしまい、会費を損したという話はよくありますが、自治体のスポーツジムの場合は月会費ではないので、そういう心配もありません。

さらにいえば、公共のスポーツ施設の場合、厚生労働省の指定になっていることが多く、持病があり、医療目的という用途にすれば医療費控除に加えることもできます。ここで医療費控除について誤解している方も多いと思うので、補足しておきたいと思います。医療費控除というと10万円の控除が有名なので、医療費が10万円を超えないと確定申告しても還付されないと思い込んでいる方が意外と多いです。しかし、この例に当てはまらなくても還付金を受け取ることができるのです。

というのも1年間の総所得金額（収入ではありません）等が200万円未満の人は、総所得金額等の5％を超えた場合に受け取れるのです。年金生活で少ない所得額でも申告すれば、多少とはいえ、医療費控除の還付金が戻ってくるのです。また、年齢を重ねると肩や首、腰などを痛めてマッサージに通う方も多いと思います。これもちゃんとした国家資格をもった施術師がいるところで医療目的であることが証明されれば、これらも医療費として認められます。キモは医師の診断書です。毎年1月に整形外科などに行き、五十肩など何かしらの病名が記された診断書を発行してもらい、運動療法を要する、治療を要する、と書いてもらうのです。そうするとジムに行くのもマッサージを受けるのもすべて医療費控除の対象に変わります（ただし、診断書代は含めることはできません）。

自治体のスポーツジムといっても、施設はかなり立派なものが多いです。ランニング機器や、各種の筋力トレーニング機器など、民間のスポーツジムと変わらないくらい充実しているところもあります。

たとえば、東京都の目黒区では、4か所のトレーニング室があり、それぞれでストレッチ教室、エクササイズ教室などのプログラムが行われています。入場料は300円です。

もちろん、更衣室やシャワーは完備しています。なかには、シャワーだけでなく、お風呂がついているところもあります。また、平日の夕方前までならば同世代の人々がたくさんいます。年齢も近いので話もしやすく、新しいコミュニティもつくりやすいです。そこで仲間ができれば、老後のもう一つの〝難敵〟である「孤独・孤立」というものからも解放されます。

公営の「習い事」にチャレンジしてみる

また最近では、スポーツ関係だけでなく、音楽スタジオや文化教室などの施設をもつ自治体も増えています。

音楽スタジオなどは、民間のものよりも半額以下の費用で済みますし、機材はアマチュアのスタジオとしては申し分ないものです。

若いころ音楽をかじっていたような人は、「老後にもう一度音楽をやる」というのは、格好の生きがいになるはずです。また若いころから音楽をやってみたかったけれどやれなかったという人が、音楽を始めてみるというのも大いにありでしょう。

仕事以外の友人をつくるのには、音楽などの趣味を通すというのが、一番スムーズです。昨今の公共施設には音楽スタジオだけではなく、碁会所、麻雀室、茶道室などが設置されているところもあります。また公民館で、週に何回か碁会、麻雀会などが開かれている場合もあります。

前述したように、高齢単身者の老後にとって、「地域社会との結びつき」「仕事以外の人間関係の構築」も重要となります。

そして、この2つの課題を一番手っ取り早くクリアできるのは「習い事」だといえるでしょう。昔は「40の手習い」という言葉がありましたが、昨今では「60の手習い」「80の手習い」も決して珍しいものではありません。

いくつになっても、新しい趣味を見つけたり、新しい能力を身につけるということは、自分の人生を豊かにするものです。

習い事をするには、お金がかかりますが、その問題を解決してくれるのが公共施設で行われている「習い事」を利用することです。昨今では、公民館や公共の文化センターなどで、頻繁に習い事や講座が開かれています。

もちろん民間のものよりも、かなり格安です。しかも一流の講師陣による講座を受講できたりします。公営の格安講座であれば、料金は安いので、もし続かなくてもそれほど痛みはありません。

昨今では、自治体が主体となって社会人向けの教養講座をつくっているケースも増えています。いわゆる「市民大学」です。これらを利用すれば、英会話などの語学、パソコン、スマホの使い方などを格安で学ぶことができます。

これらの情報は、市町村の広報やネットを見ればすぐにわかります。また自治体に直接問い合わせてもすぐに教えてくれます。

また最近は自治体だけでなく、大学でも一般向けの習い事や、教養講座などを開いています。最近の大学では、社会人向けや生涯学習向けの講座を充実させているところが多いのです。

英会話をはじめ、中国語などの語学講座、歴史や古典文学の研究、資格取得のための勉強会や時事問題の研究、民族楽器の演奏方法まで多岐にわたっています。

しかも講師陣は、教授や准教授などその道の超一流者がいることもあります。なかにはその世界では、日本を代表するような著名な教授が、講座をもっていることもあります。講座の人数は、だいたい20人から30人くらいで、学校のクラスより少ない感じです。講座回数は、4~5回から数十回までありますが、民間の習い事にいくよりははるかに低額で受講できます。

大学には（私立であっても）たくさんの税金が使われています。もちろん社会人講座にも直接的、間接的に税金が使われています。だから、受講料が安く済んでいるのです。

これらの情報は、「大学」「社会人講座」などで検索すれば、いくらでもでてきます。

地域サークルは仲間作りに最適

地域コミュニティに入っていく方法として、地域の趣味のサークルに入ってみるという手もあります。

あまり気づかれないかもしれませんが、各地域には多種多様の趣味のサークルが存在します。

スポーツが好きな人は、テニス、バドミントン、卓球、野球など、メジャーなスポーツならばほとんどが地域にひとつはサークルがあります。またちょっとマイナーなスポーツでも、頑張って探せばけっこうあるものです。

また囲碁、将棋、コーラスなど、文化系の趣味サークルも、たいがいの地域にあります。こういう地域のサークルは会費も安く、練習なども緩いものです。

「職場の人しか知らない」

というような、仕事一筋でやってきた人は、まずこういう地域サークルに顔を出してみるといいでしょう。

これまで趣味らしい趣味がなかった人でも、「初心者の人も歓迎」とされているようなサークルでは、初めての人でも大丈夫なようにプログラムを組んでくれています。

公共施設の掲示板や自治体の広報誌などでは仲間募集をしていることも多々あります。そういうものも積極的に活用したいものです。

65歳以上の高齢者になれば、老人会に入るという手もあります。

「自分はまだ老人ではない」

などと意地を張って参加しないのは損です。

筆者が住む家の近くの公園では、週に一回、高齢者の方がゲートボールをされています。大声で笑い合ったり、悔しがったりするなど、非常に楽しそうです。大人になって、あんなに楽しそうに遊べる機会はそうないんじゃないか、と思われるほどです。筆者も年齢に達すれば、ぜひ参加したいと思っています。

そういうところに、月に一回、いや年に数回でも参加していれば、地域からの孤立は防げるはずです。

地域のサークルに入る際に気をつけていただきたいのは、「いろいろな人がいる」ということです。いい人もいれば、気が合わない人もいます。

自分に合わないと感じたときは、無理をせずにほかを探すことです。仕事ではないので、そういう点はまったく無理をしなくていいのです。

そのうち、自分にとって居心地のいいサークルを見つけることができるでしょう。

ボランティアで承認欲求が満たされる

習い事や趣味のサークルではなく、もっと強く社会参加をしたい、人のためになりたいと思っている人には、ボランティアという手段もあります。

ボランティアというと、何か大変な活動のように思われるかもしれませんが、誰でも簡単にできるボランティアというのは、けっこうあるものです。

ボランティアには、養護施設で暮らす子どもの勉強の手伝い、障がい者施設の手伝いや自然保護活動などの定番のほか、少年少女のスポーツ指導、博物館などでの外国人の案内など多種多様のものがあります。

自治体などのボランティア担当窓口にいけば、その情報は手に入ります。筆者も、まだライター稼業が軌道に乗っておらず、時間を持て余していたころには、ボランティアで子どもの遊び相手をしていたことがあります。

人に喜ばれることは非常にうれしいことですし、何より他人から認められるということは承認欲求を満たしてくれます。また、自分にとってもその時間は気分転換になったものです。習い事やサークルよりも、社会にかかわる度合いは大きいといえるでしょう。

注意すべき点は、サークル同様にボランティアの受け入れ側にもさまざまな団体、人がいて、中には自分とは合わないケースもあるということです。慈善団体、福祉団体にはくせの強い代表者がいることもあり、自分に合えば非常にいい人間関係が築けることもありますが、合わなければ悩みの種となることもあるので注意が必要です。

これも、趣味のサークルと同様に、「合う、合わないがある」と割り切って、「合わない」と思ったところからはすぐに撤退しましょう。

地域コミュニティに参加するときの注意事項

長くビジネスの第一線で働いてきて、地域コミュニティに参加してこなかった人が、老後になって参加するときには、気をつけなくてはならない点がいくつかあります。

まず地域社会においては「現役時代の勤務先・役職などは一切、関係ない」ということです。特に、会社の役員などをしていた男性などの場合、地域社会のなかでも自分の身分を誇示しがちになります。ですが、地域社会の人たちにとって、引退した人の過去の身分などはまったく関係ありません。現職時の偉さをひけらかすというのが、地域社会では一番嫌われると思っておいた方がいいでしょう。

それと地域社会といっても、都心部ではいろいろなところから集まってきている人によって構成されているわけですから、「いろいろな人がいる」ということを肝に銘じておきましょう。地域社会だからといって、みな親切で優しいとは限りませんし、なかには犯罪者が、地域社会を利用しようとするケースもあります。

たとえば最近でも、小学校のＰＴＡ会長が在校児童をわいせつ目的で殺害した事件が起きました。これは極端な例としても、あまりよくない人が地域社会を利用しようとすることは昔からありました。

特に気をつけなくてはならないのが、「マルチ商法もどき」です。

マルチ商法とまではいかなくても、健康食品などでは知り合いが購入してくれるとかなり高額のリベートがもらえるような仕組みをもっている商品が多々あります。そういう「マルチ商法もどき」は、高齢者の地域コミュニティを利用するケースが非常に多いのです。

マルチ商法もどきをやっている健康食品の店舗などでは、定期的に説明会のようなものが開かれ高齢者が大挙して詰めかけるというような状況もときどきあります。

その説明会では、

「この商品は本当に健康にいい物だから広めれば社会のためになる」

「頑張れば大きなお金が手に入る」

というようなうたい文句で、商品の購入や知人に商品を紹介することを煽ったりしています。そういう会場では、老人たちがなけなしの金をはたいて高額の商品を購入したり、できる限りの知人を連れてきたりしていることがあります。

マルチもどきなどに手を出してしまうと、自分の人間関係が全部崩壊するようなことにつながりかねません。

くれぐれも、そういうわなにはまらないように、「そういう人もいる」ということを事前に念頭に置いておいてください。

またそういうわなにはまらないためにも、なるべく早い段階から少しずつ地域コミュニティに参加しておくことです。

高齢者が詐欺などにひっかかりやすいのは、日ごろ寂しい思いをしていることも大きな要因です。人と接することが少なくなった高齢者は、誰かから優しく声をかけてもらうと、すぐに気持ちをもっていかれがちです。そして、そういう人のことを信用したり、そういう人の力になりたいと思ってしまいがちになります。

つまりは、詐欺師たちは高齢者の寂しさにつけこむ、というわけです。

詐欺師につけこまれないように、自分から少しずつ地域コミュニティに参加し、「人と接すること」から遠ざからないようにしておきましょう。

地域の行政サービスを最大限活用しよう

地方自治体はコミュニティを提供してくれるだけでなく、経済的な恩恵をもたらしてくれることも多々あります。

耐震補強工事やバリアフリー工事に補助金を出してくれたり、高齢者には、交通機関の補助を出してくれたりしているところもあります。

特に昨今では、東日本大震災の影響もあり、耐震補強工事に補助金を出す自治体が増えています。

たとえば東京都の渋谷区では、「木造住宅簡易補強助成」という木造住宅の耐震補強をするさいに、助成金を出す制度があります。

これは渋谷区の住民が耐震補強工事をした場合、最大で18万円の補助金を出すというものです。渋谷区のほかにも、たとえば、調布市は耐震改修費用の2分の1の補助（上限額80万円）をしており、町田市も耐震改修工事費用の2分の1を補助（上限額50万円）しています。

また群馬県の高崎市は20万円以上の補助対象工事に対して30％を補助（上限額20万円）しています。神奈川県鎌倉市では10万円以上のリフォーム工事に対して一律5万円を助成、20万円以上の耐震工事に対しては一律10万円を補助しています。

北海道の岩見沢市では、30万円以上のリフォーム工事に対して工事費の10％（上限額20万円）を補助、耐震補強工事・アスベスト飛散防止工事に対しては工事費の20％（上限額100万円）を補助しています。

耐震工事と同様にバリアフリー工事への補助金を出す自治体や、生ごみ処理機購入の補助金を出す自治体などもあります。

また東京都では、70歳以上の都民には、都内の民営バスと都営交通（都バス、都営地下鉄、都電、日暮里・舎人ライナー）が乗り放題となる「東京都シルバーパス」というものを発売しています。これは年間2万510円、半年分1万255円で、住民税の非課税世帯の方は

1000円となっています。月1700円程度で、都のバスや都営地下鉄が乗り放題なのですから、交通機関をよく利用する人にとっては非常に利用価値が高いといえます。

東京都のほかにも、交通機関の補助券やタクシー補助券を出してくれるなど、かなりの自治体で高齢者の交通費補助を行っています。

高齢単身者の老後では、ぜひそういう行政サービスを有効に活用したいものです。

また老後に住む場所が決まっていない人は、場所の選定条件として行政サービスもチェックしておきたいものです。

国民健康保険料は地域によって全然違う

この節は第4章にも関連することなのですが、高齢単身者が老後に住む自治体を決めるときには、国民健康保険料のことも念頭に置いておかなければなりません。

サラリーマンが会社を退職した場合、新たに健康保険に入らなければなりません。

希望をすれば、前の会社で入っていた健康保険に2年間は入っておくことができます(任意継続制度)。しかし、2年を過ぎると必ず新しい健康保険に入らなくてはならなくなります。

図㉑　東京都新宿区の国民健康保険料の計算式

均等割	5万2200円×世帯人数
均等割介護分	1万5600円×世帯人数（40～64歳）
所得割	世帯の所得×9.49%
所得割介護分	世帯のうち40～64歳の人の所得×1.66%

図㉒　熊本県熊本市の国民健康保険料の計算式

均等割	4万4700円×世帯人数
均等割介護分	1万5400円×世帯人数（40～64歳）
平等割	一世帯あたり 3万2600円
所得割介護分	世帯の所得×10.61%
均等割介護分	世帯のうち40～64歳の人の所得×2.04%

図㉓　62歳で年金の所得100万円（諸控除後）のひとり暮らしの人の国民健康保険料

●東京都新宿区で暮らした場合

均等割	5万2200円
均等割介護分	1万5600円
所得割	年金の所得100万円×9.49%＝9万4900円
所得割介護分	年金の所得100万円×1.66%＝1万6600円
合計	17万9300円

●熊本県熊本市で暮らした場合

均等割	4万4700円
均等割介護分	1万5400円
平等割	3万2600円
所得割	年金の所得100万円×10.61%＝10万6100円
所得割介護分	年金の所得100万円×2.04%＝2万400円
合計	21万9200円

社会保険のある会社に再就職をせず、自営業を始めたような場合は、「国民健康保険」に加入することになります。

この「国民健康保険」がけっこう厄介なのです。というのも、国民健康保険は、地域によって、保険料の金額や計算方法がまったく違うからです。

国民健康保険料というと、「国民」という名称もついていることから、国全体で統一された保険のようなイメージがあります。「当然、保険料はどこも同じだろう」と思っている人も多いのではないでしょうか？

しかし、実は国民健康保険料は自治体によって全然違うのです。

それでなくても、おひとりさまの場合は、社会保険料が家族持ちよりも割高になっているのです。それに加えて、地域加算までされてはたまったものではありません。だから、定年前に保険料を調べておいて、なるべく安い地域に住むことをお勧めします。

国民健康保険料の算出方法は、だいたい所得に応じて決められる「所得割」と、一人あたりいくらと決まっている「均等割」を足すのが一般的です。しかし、地域によっては、これに一世帯あたりいくらと決まっている「世帯割」が加算されるところもあります。

特に高齢単身者が気をつけなくてはならないのが、「世帯割」のある地域です。

世帯割というのは、一世帯につき支払わなければならない保険料のことです。この世帯割は、世帯の人数が多いほど有利になり、世帯の人数が少ないほど不利になります。ひとり暮らしの世帯でも、ほかの世帯と同様にこの世帯割を払わなければなりません。必然的に、国民健康保険料全体が高くなってしまいます。

この世帯割があるのは、地方都市に多いです。

ざっくりいうと、首都圏の都市は国民健康保険は安く、地方は高くなっている傾向があります。そしてさらに地方では、「ひとり暮らしの世帯」が割高になっている傾向があります。218ページの図㉓は、「東京都新宿区」と「熊本県熊本市」の高齢単身者の国民健康保険料を比較したものです。実に4万円も差があるのです。老後が20年間とすると80万円もの差がついてくるのです。

退職後に「終の棲家」を探そうと思っている人は、ぜひ国民健康保険料もチェック項目のひとつに加えておいてください。

国民健康保険の減免制度を知っていますか？

このように高齢単身者の老後に、国民健康保険料は重くのしかかってくるわけですが、これを緩和する手立てもあります。

国民健康保険料には減免制度というものがあり、生活が苦しくて払えないというような人は、保険料を割引してくれるのです。その人の生活状況によって、保険料を、7割引き、5割引き、2割引きにしてくれるのです。

この減免制度は、自治体によって違いますが、どの自治体もそれほど明確な基準は設けていません。

「住民税非課税世帯」が国民健康保険料の減免を受けやすいということは前述しましたが、「住民税非課税世帯」だけが国民健康保険料の減免を受けられるわけではありません。それ以外の人も、受けることはできるのです。

国民健康保険料の減免の申請方法は簡単です。

市区町村の国民健康保険課の窓口にいって、「保険料の減免の申請をしたい」と言えばいいだけです。

理由としては、単に「生活が苦しい」だけでは心細いので、病気がちでアルバイトなどができず薬代もかさむなど、自分の現状に沿った窮状を訴えるといいでしょう。

自治体の側も未納になると困るので、比較的簡単に減免に応じてくれるようです。税金を割引してもらうのはほとんど不可能ですが、国民健康保険料の割引はかなりの確率で可能なのです。

もし断られたとしても、保険料が増えるわけではありません。

「やってみて損はない」

ということです。そして、これは申請しなければ向こうから割引してくれることは絶対にありえません。とにもかくにも、「国民健康保険料」は申請すれば減免されることがあるということだけは、頭の片隅に入れておいてください。

第6章

生活保護は恥ずかしいことではない

どうしてもヤバいときは生活保護を申請しよう

これまで、高齢単身者の老後の生活資金確保の方法について、いろいろとご紹介してきました。

ですが、「どう頑張っても老後の生活資金が不足する」という方もおられるはずです。

そういう方は、生活保護の受給も選択肢として持っておくべきです。

日本人はまじめな人が多いので、「どんなに生活が苦しくても生活保護は受けたくない」と思っている人もかなりいます。だから、生活保護受給水準を下回っている人の7割から8割が、生活保護を受けていないと見られています。

年金暮らしの人にも、生活保護基準以下の生活をしている人はかなりいると見られていますが、その大半は生活保護を受給していません。

しかし、日本人は生活保護というものを間違ってとらえています。

社会には、運がいい人もいれば悪い人もいますし、どんなに頑張っても生活するお金を得るのが無理な人もいます。

それは人間社会では当たり前のことです。

そして、このリスクをカバーするために、近代国家では「社会保障」というシステムを考え出したのです。

日本以外の先進国の国民は、この社会保障を自分たちの当然の権利として受け取っています。だから先進国では生活保護水準以下の人のほとんどは、国から何らかの支援を受けています。生活保護水準以下なのに、国から何の支援も受けていない人が大勢いるのは、先進国では日本くらいなのです。

だから、自分が生活に困ったのなら、生活保護を受けることを躊躇（ちゅうちょ）する必要はありません。特に老後になると、収入を得る手段が限られており、そうそう頑張って収入を増やすことなどはできません。だから年金だけでは生活費が足りずに、生活が困窮すれば、生活保護を受けていいのです。

また生活保護には、誤解が多く、「なかなか受けにくい」と思われている方も多いようです。

確かに、役所の手続きなどでは、若干、面倒なこともあります。

ですが、本当に、生活が苦しくて、なす術がないのであれば、生活保護は必ず受給できます。受ける側が、しっかりとした知識をもち、きちんとした手続きを取れば、生活保護を受給することは決して難しくないのです。

また生活保護の受給の手伝いをしてくれる有志の弁護士グループやＮＰＯ団体などもあります。

本章では、高齢単身者が生活保護を受けるための条件や、具体的な方法をご紹介していきたいと思います。

生活保護を受けるための４条件

まずは、生活保護を受けられる条件を確認しておきましょう。

生活保護を受けられる条件というのは、主に次の４つです。

1、世帯の収入が最低生活費以下

2、預貯金・現金・土地などの財産がない

3、援助してくれる家族・親族がいない（両親・子ども・配偶者・きょうだいなど）
4、病気やけがなどで働くのが難しい

原則として、この4つの条件さえ、クリアしていれば、生活保護は誰でも受けることができます。

つまりは、収入と資産が基準以下の人が、生活保護の申請を出しさえすれば、必ず生活保護が受給できるものなのです。また日本人ではなくとも、難民認定者や永住者、もしくは日本人、永住者の配偶者などは、生活保護を受けることができます。

収入や資産の基準なども、明確に決められています。具体的な基準については、あとで説明します。

生活保護に関しては、ちまたでは「健康で働ける人は生活保護は受給できない」というふうにもいわれてきました。でも、これは本当ではありません。本人は働ける状態でも、仕事がないケースは多々あります。特に老後などはなかなか仕事はありませんし、体力的にもそうシンドイ仕事はできません。

また年金収入があっても、生活保護基準以下の収入であれば生活保護は受けられます。生活保護を受けたからといって、年金の支給が止められるわけでもありません。年金収入と生活保護基準額の差額分を受給できるのです。

だから、今の年金ではどうしても暮らしていけない人、生活保護基準額の年金収入がない人は、生活保護を受けていいのです。

生活保護の月収基準は大体12万〜13万円

次に、生活保護の受給条件となる収入や資産の基準についてご説明しましょう。

生活保護の受給できる基準というのは、厚生労働省が定めています。この基準額は、家族構成によって違ってきますし、各市区町村によって若干違ってきます。

この基準額は、厚生労働省のサイトに載っています。

たとえば首都圏都心部のひとり暮らしの60歳の人の場合、家賃を除いておおむね８万円以下の収入であれば、生活保護を受けられることになります。

だからこの人がもし家賃５万円のアパートに住んでいた場合は、13万円以下の収入であれば生活保護が受けられるということです。

地域によって基準額の差はありますが、住居費分を除いておおむね月7万円以下の収入ならば生活保護を受けることができるといえます。

ただし、これは、月7万円以下の収入になったら生活費全部がもらえるということではありません。基準を下回った場合には、その下回った分だけをもらえるのです。

先ほどの都心部で家賃5万円の部屋に住んでいるひとり暮らしの人を例にとると、月10万円の年金しかない場合は、不足分の3万円程度が支給されるということです。

この支給額の計算は本来もっと複雑ですが、ざっくりいえばこういうことです。

お金は半月分の生活費しかもってはならない

次に、資産の基準についてご説明します。

生活保護を受けるためには、半月分の生活費以下のお金しかもってはいけない、ということになっています。もしそれ以上のお金をもっている場合は、それを使い切ってからしか申請できないという建前になっています。おおよその目安ですが10万円以上の預貯金をもっていると却下されてしまう可能性が高いようです。

この「半月分の生活費以下」という基準は、かなりシンドイものと思われます。

本来は生活保護を受給するためには、建前としては、資産の保有は認められないのです。

つまりは、所持金ゼロでないと受けられないということなのです。

しかし、生活保護が申請されてから、支給が決定するまで2週間程度を要するので、その間の生活費分の貯金は認めましょう、ということです。

しかし、現実問題として、半月分の生活費しかもつことができないとなると、心理的にはかなりつらいことです。申請して2週間で無事に生活保護が受けられたらいいのですが、もし生活保護の申請が却下されたら、ということを考えると、当人は相当に不安なはずです。こういう点が、現実の市民生活とはかけ離れた感覚であり、生活保護の大きな問題点でもあります。

また車なども原則としてもっていてはなりません。車をもっている場合は、まずその車は売り払わないとならないのです。もちろん例外はあります。公共の交通機関が整っておらず、車なしでは移動が困難、病気や障がいのため、車がないと移動が困難、仕事でどうしても車が必要などといった場合は、車の所有が認められるケースもあります。生命保険も入ることができません。生命保険に加入している人は、解約してからでないと生活保護は受給できないのです。

家をもっていても生活保護は受けられる

ただし、家の所有は条件付きで認められています。

その条件とは、「家のローンが残っていないこと」です。

生活保護にまつわる誤解の中に、「家をもっていたら生活保護を受けられない」というものがあります。しかし、これは嘘です。

本当は、家をもっていても生活保護は受けられるのです。

今、自分で住んでおり、ローンが残っていない家ならば、手放さなくていいのです。一戸建てに限らず、分譲マンションなどでも同様です。だから、自分が所有しているマンションに住んで生活保護を受ける、ということも可能なのです。

しかしローンが残っている家は、処分しなくてはなりません。家のローンが残っている人に生活保護を支給すると、生活保護費でローンを支払うことになり、「生活保護費を資産形成に充てられる」ということでダメなのです。

また持ち家の人は、生活保護費として支給されている住居費（家賃分）が支給されません。貸地に自分が家を建てて住んでいる場合も、家をそのまま所有できます。この場合は、地代分を住宅扶助として受け取ることができます。ただし、地代が住宅扶助の上限を超えるような高い土地に住んでいる場合は、転居を指導されることもあります。

貸家や貸地などの不動産をもっている場合は、処分しなくてはなりません。ただし農地など、収入にかかわる土地については所有を認められることもあります。これも原則は自分が耕作しているもののみです。他人に貸したりしている場合は、処分しなくてはなりません。

医療費、社会保険料も無料になる

生活保護費は、ひとり暮らしでは、家賃を除いて7万〜8万円なので「少ないなあ」と感じた人も多いかもしれません。

「これだったらもらわずに我慢しよう」

という方もおられるでしょう。

ですが、生活保護のメリットというのは、支給される生活費だけではありません。

生活保護受給者にはさまざまな特別待遇があるのです。

まず社会保険料が全部免除となります。健康保険や年金の掛け金は払わずに、掛け金を払ったのと同じ待遇を受けられるのです。生活保護を受給している間は、年金は払っているものとしてカウントされるのです。

そして医療費は、健康保険料がいらないだけではなく、自己負担分も免除されます。つまり医療費はまったく無料ということになります。

ただし自己負担分を免除にする場合、福祉事務所からその都度チケットをもらわなければならないために、急病のときなどには利用できません（事前にチケットをもらっておくことはできないのです。こういう病気で病院に行きたいということを申請しなければなりません）。

使いにくい制度ではありますが、持病がある人などは、これで救われると思われます。

老後の生活が困難になっている人の多くは、医療費が原因となっています。だから、生活保護を受けられれば、老後破産の多くは救えるのです。

また住民税や固定資産税などの税金も免除されます。ＮＨＫの受信料なども無料です。

そのほかに自治体によって、交通機関の無料券などの特典もあります。

テレビ、エアコンを所有しても問題なし

生活保護に関しては、世間ではさまざまな誤解がありますが、そのひとつとして、「テレビやエアコンなども所有できない」というものがあります。

ですが、これは誤解です。

確かに、生活保護の受給者は「贅沢(ぜいたく)品は所有できない」ことになっており、以前はテレビやエアコンは不可だとされていました。でも、現在では、テレビもエアコンも所有できることになっています。

生活保護は、憲法第25条の「国民は健康で文化的な最低限度の生活を営む権利を有する」という条文からきている制度です。

「健康で文化的な最低限度の生活」

というのは、時代とともに変化するものであり、昔はテレビやエアコンは贅沢でしたが、現代では贅沢でもなんでもありません。

以前は贅沢だとされていたものでも、一般家庭に普及したものについては、だいたい認められるといえます。

エアコンなどは、昨今の異常気象のなかでは、ほぼ生活必需品となっています。猛暑のなかで、エアコンを使わないで生活すれば命にかかわります。以前、ケースワーカーからエアコンを取り上げられた生活保護受給者が脱水症状で入院するという事件が起きたりもしており、現在はまったく問題なく認められるようになっています。

また贅沢品の基準というのは、明確に決まっておらず、その地域の福祉事務所やケースワーカーの判断によるものが大きいようです。

以前はパソコンはダメといわれていましたが、昨今では認められる可能性があるといえます。現代ではパソコンはほとんどの人がもっているし、求職活動などにも必要なことがあるからです。携帯電話やスマホも現在では世界中のほとんどの人がもっており、災害情報や求職などでも必要なので、許される可能性が高いです。

生活保護受給者の住む場所は原則として自由

「生活保護を受ける場合は、市営住宅など家賃の安いところに住まなければならない」と思っている人も多いようです。

しかし、これも誤解です。

実は生活保護を受けている人には、住む場所の制限はありません。そして賃貸住宅に住んでいる場合、生活保護費から家賃が支給されるのです。

ただし、支給される家賃の上限が定められています。

たとえば、東京都新宿区などの場合、ひとり暮らしの家賃の上限は5万3700円です。これ以上の家賃の部屋に住んでもいいことになっていますが、家賃分は上限までしか出ませんので、はみ出た分は生活費分から出さなければなりません。

理屈の上では、家賃が20万円もする高級マンションに住んでいてもいいのですが、そうなると生活保護費の家賃分どころか生活費分まで吹っ飛んでしまうので、福祉事務所などから指導があるはずです。

生活保護受給者でも貯金はできる

また「生活保護受給者は貯金ができない」と思われている方も多いようですが、これも事実ではありません。

支給された生活保護費は、家賃など支払いの目的が明確なものを除いては、自分で自由に使うことができます。

だから、支給された生活保護費を切り詰めて貯金するということも、許されています。少し前、子どもの進学に備えて入学金を貯めていた親が役所から生活保護受給を打ち切られ、メディアなどでも大問題になりました。こうした正当な理由があるにもかかわらず、貯金を理由に受給停止となってしまうと「貧困の連鎖」が続くことになってしまいます。ただでさえ、現在の日本では子どもの7人にひとりが貧困レベルとされています。先進国の中では最低レベルといってもいい状態なのです。

以前は、「生活保護費というのは生活費なのだから、貯金は許されない。貯金する余裕があるならば、国に返すべし」という考え方が取られていました。だから、生活保護受給者が貯金をしていれば、その分の生活保護費が減額されることになっていました。

しかし、2004年ごろから裁判で生活保護受給者の貯金が認められるケースが相次ぎました。

そのため現在では、生活保護受給者が貯金することはほぼほぼ可能と変わりました。

生活保護は「申請」が必須

生活保護の受給に関して、覚えておいていただきたいもっとも重要なことがあります。

「生活保護は申請しなければ絶対にもらえない」

ということです。

福祉事務所のケースワーカーや民生委員などが、生活に困っている人の存在に気づいて申請をしてくれるというようなことはあり得ないのです。もしかしたら地域の福祉団体の人たちなどが、「申請したらどうですか」と声をかけてくれるようなことはあるかもしれませんが、昨今の世知辛い世のなか、そういうこともあまりないようです。

生活保護の制度は「申請主義」といって、自分から申請しなければ受けられないことになっています。

駅周辺などにいるホームレスを見て、「国はなぜあの人たちに生活保護を受けさせてやらないのだろう」と思う人も多いはずです。

それはこの「申請主義」のためなのです。

福祉事務所のケースワーカーたちがホームレスの人たちに対して、代わりに生活保護を申請してやったりはしないのです。

だから生活保護を受ける場合は、自分で決断し、自分で申請をしなくてはならないのです。ただし弁護士や福祉団体など無料で相談にのってくれる制度はたくさんあります（詳細は後述します）。

「借金をする前」「家賃を払えなくなる前」に申請せよ

生活保護を受けてみようかと思っている人は、「早く決断する」ことをお勧めします。

というのも、生活が苦しくなって借金をして、家賃が払えなくなってしまうと、生活保護が受けにくくなるからなのです。

生活保護は、借金があるからといって受給できないものではありません。

でも借金がある人は、自己破産などをして借金を清算する必要があるのです。借金がある人が生活保護を受けた場合、生活保護費が借金の清算に回る恐れがあり、それは「生活費の支給」という生活保護の趣旨に反するからです。

だから、まず自己破産などの手続きを取り、借金をチャラにしてからでないと生活保護は受給できないのです。

自己破産などの手続きは非常に面倒な作業ですし、時間もかかります。その間に、どんどん生活が苦しくなり追い詰められてしまうかもしれません。

また家賃を払えなくなって、部屋を追い出されたりすれば、さらに面倒なことになります。

これも誤解が多いのですが、生活保護は、決まった住居がなかったり住民票がなくても受給できます。

生活保護というものは、憲法で定められた国民の権利であり、国が保障するものです。だから、住所がなくても、生活保護は受けられるのです。

しかし、手続き的に、非常に面倒になります。

生活保護の窓口は、自治体（市区町村）の福祉事務所になっています。そのため、住居や住民票がなければ、どこの自治体が窓口になるのか特定できないことになります。だから、ホームレスの人が生活保護の申請をしても、役所が「管轄地に住んでいない」ということを言い訳にして、門前払いを食わせることがあるのです。

あとで詳述しますが、弁護士や信頼できるＮＰＯ法人などの専門家と一緒に申請にいけば、こういう目にはあわずに済むのですが、個人レベルでは、住民票がなければなかなか生活保護が受けにくいという現状があります。福祉事務所の窓口にいって、生活保護の申請をしようとしても、「あなたはこの地域の住民ではないので、ここでは管轄していません」と言われれば、普通の人は、なかなかそれ以上の抗弁はできないからです。

だから生活保護の申請は、

・借金をする前
・家賃が払えなくなる前

までに出すべきだといえるのです。

生活保護申請の手順

では、生活保護を受けるための具体的な手続きなどをご紹介したいと思います。生活保護の手続きは、次のような手順となります。

1、事前の相談

自分の居住地域を管轄する福祉事務所にいって、生活保護担当課で相談します。生活保護担当課では、生活保護の説明のほかに、生活福祉資金などの説明も行います。

2、保護の申請

相談が終わると、生活保護の申請をすることになります。生活保護の申請をすると、役所側は、以下の調査を行います。

・生活状況などを把握するための実地調査（家庭訪問など）
・預貯金、保険、不動産などの資産調査
・扶養義務者による扶養（仕送りなどの援助）の可否の調査
・年金などの社会保障給付、就労収入などの調査
・就労の可能性の調査

3、保護費の支給

この調査はだいたい2週間以内には終わります。生活保護申請者は、半月分の生活費しかもっていないというのが建前なので、役所側としては、原則として2週間以上の時間はかけられないのです。

4、支給金額

厚生労働大臣が定める基準に基づく最低生活費から収入（年金や就労収入など）を引いた

額が毎月支給されます。

5、支給開始後

生活保護の受給者は、収入の状況を毎月申告しなければなりません。福祉事務所のケースワーカーが年数回の訪問調査を行います。このケースワーカーは、仕事のことや生活のことなどの助言や指導を行うことになっています。

役所が生活保護の支給をしたがらない理由

「役所はなるべく生活保護を出したくないから、希望者を窓口で追い返したりする」

「生活保護の希望者にひどいことを言って生活保護の申請をやめさせようとする」

生活保護に関しては、こういうふうに思っている人も多いのではないでしょうか？

この噂に関しては、残念ながら半分は事実です。実際にこういう対応をしてきた福祉事務所は多々あります。

生活保護の費用は、4分の3を国が出し、4分の1を地方自治体（市区町村）が出しているという建前になっています。地方が支出している4分の1は、国から出されている地方交付税で賄われているという建前になっていますが、地方交付税は生活保護費だけ別建てで支給されているわけではなく「生活保護費は地方交付税のなかで賄ってくれ」という話にすぎません。だから、財政の厳しい自治体(市区町村)は生活保護を出し渋ることが多々あるのです。

だから福祉事務所の窓口で相談にきた生活保護希望者に対し、

「あなたはまだ若いし、働ける」

「あなたは受給する資格がない」

などと言って追い返そうとしたりするわけです。

高齢者が働ける場所などそうそうあるわけではなく、生活費を賄うほどの収入を得ることなどは至難の業です。福祉事務所の窓口では、ちゃんと仕事を紹介してくれるわけでもないのに、そういう無責任なことを言うのです。

ですが、これに対抗する方法はいくらでもあります。

というのも、福祉事務所の窓口がそういう態度に出た場合、それは違法行為に近いからです。もし裁判を起こされれば、役所側が負ける可能性が高いものです。

一般の市民の方は、「役人が言うことは法的に適正なものだ」と思ってしまいます。だから、役人から「あなたは生活保護を受ける資格がないから申請書は渡せない」と言われれば、「そうか」と思ってしまいます。

でも役人が、窓口でいろいろと難癖をつけて生活保護の申請書を渡さないというのは、その行為そのものが実は違法なのです。

国民が生活保護の申請をすれば、役所は原則として、必ず受理しなければならないことになっています。そして申請者が生活保護の受給要件を満たしていれば、生活保護は開始されるのです。

受給要件は前述したように、収入と資産が一定以下であれば満たされます。

もし、申請者に生活保護受給の資格がないのなら、申請を受け付けたうえで、却下するというのが正規の手順なのです。

申請書を渡さないで追い返すというのは、不正です。

役所が、なぜこのような不正なやり方をするのかというと、〝申請希望者のほとんどが生活保護の受給資格がある〟からなのです。つまり、生活保護受給の資格がないから追い返すのではなく、その逆なのです。

だから窓口で何と言われようと、「私は申請したいので、申請用紙をください」と言えば、福祉事務所の職員は用紙を渡さざるを得ません。そして申請書を出せば、要件さえ満たしていれば生活保護は受給できるのです。

弁護士、NPOなどに相談すれば一発OK

もし自分だけで生活保護の手続きをする自信がないという人は、前述したように弁護士やNPOなどの支援団体に相談してみましょう。

役所というのは、専門知識がない人に対しては、適当にごまかして門前払いしたりしますが、専門知識がある人に対しては厳正に法に則した対応をします。

だから、生活保護を受けられる条件さえクリアしているのならば、弁護士や支援者と一緒に行けば、簡単に生活保護を受けることができます。

また役所は、当事者だけが訪れた場合は横暴な態度に出ますが、第三者が同席している場合は、丁重な対応をとります。

だから、自信がない人や一度、門前払いされた人などは弁護士や支援してくれる団体などを探して、同席してもらうといいです。

そういう団体は、ネットなどで調べれば簡単に見つけることができます。生活保護の支援や貧困者の支援をしているNPO法人はたくさんありますし、弁護士などもほとんどの人が相談にのってくれます。

NPO法人のなかには半ば貧困ビジネス業者化した悪質なものもあるので、生活保護の申請をとる条件として、寄付を要求されたり、NPO法人の指定するアパートなどに入居しなければならなかったりする危険もあります。

もちろん、親切なNPO法人には、生活保護の手続きのみならず、生活の立て直しや、自身が抱えているさまざまなトラブルの解決に手を貸してくれることもあります。そういうNPO法人をうまく見つけだせれば、弁護士に頼むより頼りがいがある場合もあります。

しかし、どのNPO法人が善良で、どのNPO法人が悪質かというのは、外部からはなかなかわかりづらいものです。だから、もっとも確実なのは、弁護士に相談するということだといえます。

弁護士会には貧困者向けの無料相談窓口がある

生活保護を受けようと思っている人にとって、弁護士というのはなかなか遠い存在と思われるかもしれません。弁護士といえば、普通は30分の相談をしただけでも5000円以上取られるものです。

そういうところに簡単に相談にはいけないものです。

しかし、生活保護の申請に関しては、弁護士は無料でやってくれるのです。

これは、各地域の弁護士会が申し合わせて、生活保護の弁護士費用については無料にすることにしているのです。

各弁護士は、生活保護の申請を代行してやった場合、弁護士会から報酬的なものが支払われることになっているので、弁護士としても損はないのです。だから、気楽に相談すればいいのです。

弁護士を頼むには、直接、弁護士事務所に電話などでコンタクトを取ってもいいですが、もっとも確実なのはその地域の弁護士会に連絡してみることです。

また各地域の弁護士会では、無料法律相談会を行ったり、「法テラス」という低所得者のための無料法律相談窓口を設けたりしています。

それらを利用して、自分が生活保護を受けられるかどうかを打診し、受けられそうならば手続きの代行をお願いすればいいのです。

法テラスの詳細は、ネットで「法テラス」で検索すればすぐにわかります。

この「法テラス」は、生活保護に関する相談だけではなく、生活上のトラブル全般において相談にのってくれます。闇金からお金を借りて困っている人なども、ここで相談できます。

あとがき

我々の老後が心もとなくなったのは、政治の責任でもあります。現代の少子高齢化社会では、年金の財源が先細っていくのは当たり前の話です。

「日本が少子高齢化になる」

ということは、50年以上前からデータとしてわかっていたことです。

しかし、この半世紀、国は少子高齢化対策をまったく怠ってきました。

かつて日本は先進国の中では、それほど少子高齢化が進んでいるわけではありませんでした。1975年くらいまでは欧米の方が日本よりも出生率は低かったのです。ですが、その後、欧米諸国は子育て環境を整えることなどで、少子化の進行を食い止めてきました。

そのため欧米諸国は、1970年代の出生率レベルを維持し、日本ほど深刻な少子高齢化にはなっていません。

なぜ先進国の間でこれほどの差がついたかというと、日本はこの半世紀の間に、子育てを支援するどころか、わざわざ少子高齢化を招き寄せるような失政をしてきたからです。待機児童問題が20年以上も解決されなかったり、国立大学の授業料は1975年度には年間3万6000円（月額3000円！）だったのが、その後上がり続け、2005年度以降は53万5800円となりました。さらに一部国立大学では、2020年度には64万2960円と1975年の約18倍にしたり、入学金等と合わせるとかつての私立大学とさほど変わらない金額になりました。もはや親がある程度の収入がないと通わせることができない額です。

しかも、奨学金が日本育英会から日本学生機構に移行してからは、奨学金という名の「学生ローン」として社会問題となっているのはご存じの通りです。これでは、とても子どもを生もうとは思わないでしょう。

50代後半の筆者の知人などは年収が1500万円以上あるにもかかわらず、2人の子どもを私立の中高大に入れたがために、ボーナスはすべて子どもたちの学費に消え、住宅ローンの繰り上げ返済もできず、老後資金も思ったほどためられておらず、頭を抱えている状況です。

さらに政府は子育て世代に大増税を課すなどの愚行を繰り広げてきました。

また1993～2004年頃の就職氷河期の若者に対するケアもまったく行ってきませんでした。この世代は、非正規雇用で雇われるケースが多く、経済的不安から未婚、無出産の人が多く、彼らが老人になるときには大変な年金財源不足に陥ることが予想されています。

この政治の失態について、国民は声を大にして批判し続けなくてはなりませんが、かといって自分たちの老後がそれで急に改善されるものでもありません。

だから自分たちの老後の生活は、自分たちで守っていく覚悟を持たなくてはならないわけです。その一助になればというのが、本書の執筆意図でもあります。

最後に、小学館出版局の小川昭芳氏をはじめ本書の制作にご尽力いただいた皆様にこの場をお借りして御礼を申し上げます。

２０２０年３月

著者

校閲／西村亮一
図版／タナカデザイン

大村大次郎［おおむら・おおじろう］

大阪府出身。元国税調査官。国税局で10年間、主に法人税担当調査官として勤務し、退職後に経理事務所などを経て、経営コンサルタント、フリーランスのライター・作家となる。執筆、ラジオ出演、連続ドラマの監修など幅広く活躍している。ベストセラーとなった『あらゆる領収書は経費で落とせる』（中公新書ラクレ）のほかに『やってはいけない相続対策』『知らないと損する給与明細』『やってはいけない老後対策』（小学館新書）など多数のヒット作を上梓している。

編集：小川昭芳

おひとりさまの老後対策

二〇二〇年　四月七日　　初版第一刷発行

著者　　大村大次郎
発行人　　飯田昌宏
発行所　　株式会社小学館
〒一〇一－八〇〇一　東京都千代田区一ツ橋二ノ三ノ一
電話　編集：〇三－三二三〇－五一一七
　　販売：〇三－五二八一－三五五五

印刷・製本　中央精版印刷株式会社

Printed in Japan ISBN978-4-09-825368-5